崇麗書坊
CHONGLI SHUFANG

# 蜀都遗韵

记忆留存的历史余味

王跃 [著]

西南交通大学出版社
·成都·

**图书在版编目（ＣＩＰ）数据**

蜀都遗韵：记忆留存的历史余味 / 王跃著. —成
都：西南交通大学出版社，2019.1
（崇丽书坊）
ISBN 978-7-5643-6527-1

Ⅰ. ①蜀⋯ Ⅱ. ①王⋯ Ⅲ. ①文化史 – 成都 Ⅳ.
①K297.11

中国版本图书馆 CIP 数据核字（2018）第 242252 号

崇丽书坊

**蜀都遗韵**

——记忆留存的历史余味

SHUDU YIYUN
——JIYI LIUCUN DE LISHI YUWEI

王跃　著

| | | |
|---|---|---|
| 出 版 人 | 阳　晓 | |
| 责 任 编 辑 | 罗小红 | |
| 助 理 编 辑 | 赵永铭 | |
| 封 面 设 计 | 曹天擎 | |
| | 西南交通大学出版社 | |
| 出 版 发 行 | （四川省成都市二环路北一段 111 号<br>西南交通大学创新大厦 21 楼） | |
| 发行部电话 | 028-87600564　028-87600533 | |
| 邮 政 编 码 | 610031 | |
| 网 址 | http://www.xnjdcbs.com | |
| 印 刷 | 四川煤田地质制图印刷厂 | |
| 成 品 尺 寸 | 165 mm × 230 mm | |
| 印 张 | 13.5 | |
| 字 数 | 177 千 | |
| 版 次 | 2019 年 1 月第 1 版 | |
| 印 次 | 2019 年 1 月第 1 次 | |
| 书 号 | ISBN 978-7-5643-6527-1 | |
| 定 价 | 36.00 元 | |

# 目　录

# 成都记忆是一条长河

# 成都"皇城"和红照壁记忆留存

　　红照壁街的得名自然是因为有一道巨大的赭红色照壁。古代的照壁是皇宫、官府、寺庙或大户人家大门外的一道屏障墙壁，如北京著名的九龙壁，又如成都杜甫草堂大门前的照壁和武侯祠大门前的照壁等。修照壁的目的是遮蔽路人的视线，同时又可以拱卫建筑物的大门，更有庇佑宅院的意思。照壁上刻有吉祥的大字供人抚摸，或者讲述这座建筑的由来历史等。成都的红照壁拱卫的是明代的蜀王府，也就是成都人说的"皇城"。可惜成都的皇城明远楼在"文化大革命"中被炸毁，后修了纪念馆，今又改为科技馆，而这道威仪的照壁也在扩展人民南路时被拆毁。成都历史上许多辉煌的建筑，包括蜀王城、明清城墙、五十多口池塘、五条通航的河道和两百多座古桥及许多名刹古寺现在都荡然无存。

1965 年"皇城"下（即现在天府广场）的国庆节大游行　　来源：档案馆资料

公元 1368 年，朱元璋做了明朝开国皇帝，他的儿子们纷纷被封为王，其第十一子朱椿被封为蜀王，驻成都。当时朱椿年纪尚幼，是朱元璋的宠子，受封之后，仍留在南京宫中，朱元璋派了一个姓康的太监到成都为蜀王朱椿营造宫殿。康公公奉了圣旨到达成都，大兴土木，他比照着京城的建制，要造豪华的王宫，就连筑城的土也要从汉中运来，而不用成都的本地土，因为他认为本地土筑城不坚固。

蜀王城正面为三孔门，门前矗立着两座石狮子，蜀王府周围有城墙护卫，墙砖之间用糯米熬稠再加进石灰粉黏合砌缝，这样修筑的城墙即使历经风吹日晒也能坚固如初。这是民间的秘方，历朝历代都在用。砌墙的关键是糯米和石灰的比例，这是秘不传人的，所以各地的城墙有的坚固，有的危若累卵。蜀王府坐北朝南，左为东辕门，右为西辕门，前为红照壁，后为后宰门。哪怕到了今天也仍旧保留着东御河、西御河、东御街、西御街等地名。

蜀王府前是一平坝，成都人把它叫作"皇城坝"，各种要把戏的、卖打药的、杂耍的、要饭的和唱戏的等，五花八门，都在此活动，其中人数最多的就是算命的，把这里搞得乌烟瘴气，所以成都人也把它叫作"扯谎坝"。后来城墙砖大多被人撬去，这里成了断垣残壁，一些穷人还在城墙边搭了席围子，使这里成了成都最大的贫民窟，当然这是后话。

蜀王城一修数年，花去国库大量库银，康公公自恃圣旨在手，不断索取钱财，被户部上奏朱元璋。朱大怒，以为是康公公中饱了私囊，便敕令他自尽。康公公不敢违抗皇命，只得服毒而死。

朱椿长大成人后从京城来到成都，见宫殿巍峨，富丽堂皇，明白这样修是肯定要耗去大量银钱的，顶着贪污的罪名、被敕令自尽的康公公实是冤枉。朱椿特为康公公修了一座祠堂，祠堂所在的街道便叫作康公庙街。

如今红照壁的外观只能通过一些文学作品的描述来想象，成都本土的作家李劼人就有过精确的描述。红照壁正对着"皇城"，据说在"皇城"里还有一两道照壁遥遥相对，中间是御道，宽约百米，长一里多，是当年成都最宽的道路。红照壁长约二十丈，高约三丈，厚度达到四尺。从这个数据来，看红照壁是颇为雄伟的一道建筑。明朝以后"皇城"日渐衰败，清代时改为贡院，成了科举考试的场所，到了民国变成了破败的"皇城坝"。

"皇城"的修建初起年代已不可考，大规模兴建"皇城"是在五代时期（公元907年）。王建在成都称帝，史称"前蜀"，他下令开始修建"皇城"。其子王衍嗣位，又增筑宣华苑。当时宫殿巍峨，绵延十里，又引水绕宫城为御河。前蜀灭亡，代之而起的是后蜀。孟知祥之子孟昶对"皇城"大加改建。在前后蜀统治的58年间，中原大乱，而四川偏安一隅，政治相对稳定，经济繁荣，一时名士齐聚，特别是成都的这座"皇城"，更显得宏伟高大。据说宋太祖灭蜀后从成都到开封搬运金银丝绸的车队百乘，历时数月而不断，可见当时成都的富足。但再富足也只是帮了别人，这些财富并没有留在成都，真正能够留在成都并生根开花的就只有诗人的诗篇和文人的文章，这些东西原稿虽都已散佚，但一旦流传开了，就再也抹不掉、拿不走。

明太祖朱元璋在前后蜀宫殿的遗址上为第十一个儿子朱椿修筑了藩王城，此城全用砖石砌成，非常坚固。到了明末清初，张献忠在成都建立大西帝国，藩王城又成了张献忠的"皇城"。清朝之后，"皇城"日衰，变成了一座废墟。百万明代大城砖被人偷拆偷卖。后来"皇城"又成了一座难民营，到处是草席烂布搭建的棚子，成了成都的贫民窟和"扯谎坝"。"皇城"的大煤山因是城内的制高点，军阀们一开仗就要抢夺这里，当年成都巷战打死了无数的老百姓。中华人民共和国成立后，大煤山被搬走，建成了体育场。

1911年武昌起义爆发，11月27日大汉四川军政府成立，宣布四川省独立自治和清廷决裂。12月8日，军政府都督蒲殿俊、副都督朱庆澜和军政部长尹昌衡等人在东较场阅兵。阅兵结束后，朱庆澜忽然宣布军库已经空虚，3个月的饷银不能按时发下来。此话一出立即引起骚乱，士兵朝天放枪，场面一时失控。赵尔丰早在幕后策划兵变，以秘密口令"启发"为联络信号。乱兵冲出东较场，先抢光了藩库的银子，又抢商店银号，他们见门就入，见钱就抢，就连普通人家也不放过。城里火光四起，枪声大作，百姓们要么门窗紧闭，要么逃出城门，这就是著名的"打启发"。这种说法甚至沿用至今，现在成都人说谁对某某或商场银行不怀好意就说：你又在"打启发"。其出处就在于此。叛乱很快被尹昌衡率兵弹压，尹昌衡也被推举为新改组的四川大汉军政府都督。但局势危险，赵尔丰拥兵自重，随时可能反扑。1911 年 12 月 22 日凌晨，尹昌衡调集数千人的部队将赵尔丰的住所——总督府围得水泄不通，只留下下莲池街没有封锁。其又派都督护卫团团长陶泽锟带着数十人的敢死队，从总督府后院直接杀入赵尔丰的卧室。下莲池街的通道是留给总督府里的巡防军的，在包围了总督府后就向里面的军人散发《告赵军书》，承诺只要投降就不追究责任，于是巡防军都作鸟兽散，从下莲池街跑了出来。赵尔丰的老婆翻墙跑了，只有一个丫鬟在开枪抵抗，赵尔丰躲在床底下，被抓住后押往"皇城坝"的明远楼。

尹昌衡在"皇城"内放心不下，两次爬上明远楼用望远镜对督院街侦察。正当其焦急之时，陶泽锟等人已经将赵尔丰扛起，经过东大街，过东御街，走"皇城坝"，进入"皇城"，来到至公堂下面，这时"皇城"里已站满了愤怒的群众。赵尔丰被扛上至公堂，放在红毡上时，他还在破口大骂。公堂上先由尹昌衡讲话，再由罗伦讲话，他们大声询问台下的群众：

"'赵屠夫'该不该杀？"

"该杀！该杀！！"

台下吼声如潮。成都人恨死了这个"赵屠夫"，喊杀声震耳欲聋。赵被押在至公堂的东廊檐下，由陶泽锟行刑。陶泽锟手提一把鬼头大刀，手起刀落，赵尔丰人头已经滚地，但嘴还在一张一合，似乎还在叫骂。赵尔丰的人头被士兵用矛杆支起随尹昌衡乘马游街示众，沿途军民无不拍手称快。

赵尔丰被悬首示众，沿"皇城坝"到红照壁游街时，躲在房顶上的赵尔丰保镖张德魁突然现身为主报仇，向尹昌衡开枪，所幸其只打穿了军帽，最终，张德魁被尹昌衡的卫兵生擒。尹昌衡见张德魁是个忠义之士，并不杀他，反而将他释放，一时传为佳话。

1970年12月，四川省、成都市委和成都警备司令部决定填埋金河和御河，将其改建成防空工事，全城老百姓不分男女老少全部被命令去参加义务劳动，金河和御河。这两条围绕"皇城"的河流（御河的水来自金河）变成了钢筋混凝土工事，而后又被改成一条地下商业街。最后"皇城"剩下的部分，包括明远楼也在"文化大革命"中轰然倒地，灰飞烟灭。

二十世纪五十年代到六十年代，"皇城坝"仍保存了三座重要的桥，这三座桥地处金河中段，向下通往染房街附近盐市口的锦江桥，向上连接少城的半边桥和御河的进水河道。三座并列的桥在修建明皇城时已有。成都的许多桥都是木桥，所以无法保存得久远，而"皇城"之桥因是石桥，所以保存了几百年而不朽。三座桥正对着红照壁，桥与桥之间仅隔着几米的距离。这三座桥建筑精美，均为三孔拱桥，其中两边的桥窄小，中间的桥宽大。

前面说过红照壁正对"皇城"大门，有大道相通，约一里多，其实是指三桥与红照壁的距离。一里多的大道两旁遍种松柏。沿途有两条街的街口，这就是染房街口和陕西街口。可惜皇城和沿途大道在1646年张献忠败走成都时被大火烧成废墟，唯石质的三桥和红照壁得以幸存。张献忠无疑是成都的罪人，他不仅涂炭了成都的生灵，还涂炭了成都城郭。他放了一把大火把成都烧了7天7夜，皇城里烧不垮的石头柱子，也被泼上桐油烧得倒地。张献忠将掠夺来的财宝装了几十条船，船顺水而下，在江口遭到杨展部队的伏击，他们将船凿沉，除了一些残件，大宗的金银珠宝并没有找到。这成为一个千古财宝之谜。张献忠本人也在川北一个叫凤凰坡的地方被清军将领鳌拜的士兵射杀。

红照壁经历了如此众多的战乱都依然完好，它隐没在街道上的一排店铺后面而不为人知，直到1925年才又被人们发现，但依然不受重视，因此无人照看这一雄奇的建筑。二十世纪四十年代，红照壁已经是成都繁华宽阔的街道，同陕西街一样拥有许多显赫的公馆。红照壁亦是成都餐饮业的发祥地，这里汇聚了成都众多的饮食店，也是食

壹　成都记忆是一条长河

客们最爱光顾的"口福"之地。其中有几家馆子是我小时候最爱光顾的。一家就是离红照壁不远的南大街上的"利宾筵",还有一家在万里桥（老南门大桥）西，叫"枕江楼"。

先说"利宾筵"，因我姨妈家在此，我经常来这里买卤菜。利宾筵的腌卤是最出名的，特别是灯影牛肉，将油亮的牛肉片夹了，对着灯光，果真可以照见人影。我不知道大师傅怎么可以把牛肉片切得如此之薄又不走形。小时候因钱不多，姨妈也是一个穷人，所以每次只能买几两牛肉，吃得心欠欠的。当时我就发誓等今后有了钱就要天天来吃利宾筵的灯影牛肉，只可惜等我有了可以大快朵颐的经济实力时，利宾筵已找不到了。

另一家餐馆枕江楼之所以出名是因为它紧靠万里桥。万里桥被拆除修建立交桥时我还去看过，桥基座下果然挖出许多木桥的木桩。当年诸葛亮遣使费祎出使东吴时说"万里之行从此始"，此桥因而得名。据说1938年鸳鸯蝴蝶派的代表作家张恨水在枕江楼大宴宾客，并作诗一首，使得这家餐馆有了名气。当时的餐馆前时常有举着板凳罚跪的人，这是吃了饭却没有钱的人被老板惩罚。有的人饿慌了只能采取这种办法，吃饱了被罚跪总比饿着肚子安逸，遇见好心的人替他把账付了的情形也是有的。在门前跪了半天也遇不上好心人帮忙付账，只好帮老板洗碗顶账，贫穷时代一顿饭混进口也非易事，这是今天富裕时代的人们无法想象的。这种人成都人叫作"吃糊兮"，或"吃欺头"。如果有人说"你娃要去吃糊兮顶板凳嗦"，这就是骂你的意思，骂你不仅穷而且脸皮厚。

说到红照壁和"皇城坝"一带的餐馆，让我记忆犹新的当属"皇城坝"的牛肉面馆，这家牛肉面馆一直开在原新华书店街对面的口子上，那牛肉面的味道简直让我一想起来都要流口水。小时候只要路过这家面馆，我总要买两大碗，连汤都要喝干净。因天府广场改造，"皇城坝"一带的牛肉面馆都不在了，别处的牛肉面我再也没有吃出当年的滋味，这真是一大憾事。老成都有许多的味道只留在老成都人的记忆中，时过境迁，这种老味道就消失了，连一点痕迹也找不到。现今的人哪怕沿用相同的手法来复制那种老味道也复制不出来，老店里特有的空气，老灶膛中的锅烟油渍，乃至于存在于老店旮旯里的菌落，这些东西永远无法被复制。还有老成都人烹饪用的老酱油，泡茶坛子里舀出来的老盐水……这些东西怎么复制？我并不是一个有恋旧癖的人，但旧有的东西总是使我无法忘怀，恰好我又是一个多愁善感的文人，便要述之于文字，让我们的后代知道这些东西曾在一个叫成都的城市里存在过。这实在只是一种无奈，写到这里我已经潸然泪下，不能自已。

人民南路是1958年开始扩建的，那一年我还没有出生。据老一辈的人讲，因扩建南昌街等老街消失了，纯化街和金字街也只剩半截，红照壁街上把民房等拆除了不少，就连红照壁和三桥因地处街道当中也被拆除。这真是巨大的文化损失。纯化街上曾经住过刘止唐，他是槐轩学派的创始人，也是成都五老七贤之一的刘咸荥的爷爷。刘老先生是清代大儒，第一代刘门教的教主，他将儒释道三教合一，因其家种有槐树，世称"槐轩先生"。刘家还出了一位少年名人，即是《推十书》的作者刘咸炘。他在短短的36个春秋里便写了1169篇文章，并著书231种，475卷，350册。刘家世代便住在原名"三巷子"的纯化街上，后因刘止唐在此讲学传道才改名为"纯化街"，寓意"纯正人心，感化大众"。这条街的消失是一个文化损失。其实成都许多现代建筑都可以另外选址，这样既能保护古迹也不影响城市发展，但某些决策人只考虑选址口岸的要素，根本不考虑古迹的存留。这就是许多古迹消失的原因。

人民南路先是修到锦江河边，后又越过锦江将华西坝一剖两半延续到一环路，现在不仅延续到了二环路、三环路，还直通华阳。今天锦江宾馆的原地上曾是成都四大寺之一的延庆寺。成都历史上四大寺是大慈寺、文殊院、石犀寺和延庆寺，这"四大寺"和郊外的龙潭寺、昭觉寺等都是成都的名刹古庙。当年为了修建锦江宾馆还毁了城墙，甚至用城墙砖打地基。为了修纪念馆炸了"皇城"，为了修锦江宾馆炸了城墙，为了修人民南路拆了红照壁，剖开了华西坝，这是多么得不偿失的事情。一座历史文化名城的文化符号就这样消失了。

# 公馆遗韵和老院落追忆及吊脚楼的消失

## 一、公馆遗韵

　　成都最著名的公馆并不在宽窄巷子。宽窄巷子以前住的大多是旗人中的平民，小宅小院，典型的北方四合院的格局，但这却又是最成都化的生活场景。院子里有水井，亦有花坛，但更多的却是杂院的陈设，破败而凌乱。最典型的是这些院落建筑得都不坚固，也不高大，许多房屋都很低矮，加上年代久了，院子中又搭建了许多偏偏房（临时建筑），连通道也被阻挡，使杂院变得更加凌乱，拥堵不堪。老院子中栽种的树木经过数十年的生长已覆盖了院落，所以许多院子显得阴暗，没有光线。

　　宽窄巷子是成都遗留下来的成规模的两条清朝古街，一直代表着成都的市井、街坊和民间生活。它处于闹市之中的长顺街和同仁路之间，由宽巷子、窄巷子和井巷子组成，它们有 200 多年历史，是成都33 条清朝兵丁街巷中仅存的几条。

二十世纪八十年代成都长顺街情景，左侧即今有名的宽巷子

康熙五十七年（1718年），千余清兵永留成都并修筑了满人聚居的少城，其建筑是仿北京的四合院，纵横的小巷又类似于北京的胡同，但它又是川西民居的改良版。川西民居是吊脚楼、风火墙、堂屋和耳房的格局，而四合院则是三面环墙，设五道门。大门是显赫的门洞，它的两旁有红纱石嵌凿而成的拴马桩。有实力的主人还在门旁立有石狮子作为镇门之宝。大门上有门神的画像。宅门旁还有便门，专供清除粪水的人进出。二道门只有喜庆大事时开启，平时只走两侧屏门。所有的院落都有一个共同的特征：大门紧闭，院墙高耸，因此路人很难窥视里面的情形。

川西盆地在地理环境上本就十分封闭，这里的人还要盘踞蛰伏在蛛网状的街巷中的某处院落里。高墙围着，大门紧锁，然后在院子中的大树下埋了无数的金银财宝，只有这样他们才能心安理得地过安居日子，品着闲茶，摆着龙门阵，一杯浊酒，一碗回锅肉和一出川剧折子戏，院外有盗匪剪径也不晓，外面发生什么惊天大事也不知，真是一墙隔世界。大院还套着小院，前庭套着后庭。后庭开有第三道门

"后门"。这后门只在战乱或偷鸡摸狗时才开启，开启时不但得拂去门上的蜘蛛网，还得提防陈年的扬尘扑鼻而来。

在宽窄巷子里，有些院落前门开在宽巷子上，后门则出在窄巷子上。这两条巷子其实并无宽窄之分，只是因为宽巷子住的多为达官贵人，窄巷子住的多为平民百姓，显贵住的地方自然为宽，平民住的地方当然为窄，所以宽巷子并不宽，窄巷子也并不窄。宽窄巷子能够流传下来正是得益于它的平民化和杂乱，成都解放时，那些大机关无法在这些小院落里办公，所以大多选择了大地主、大军阀的大公馆，像陕西街上的那些气派的门面就成了高教局、人事厅或卫生厅的机关所在地。金河路60号就曾是一处显耀的所在，这处宅院和它的建筑虽然早已陈旧，但不失昔日的富贵和豪华之气。这里原是国民革命军四十四军军长王缵绪的儿子王俊泽的公馆，它建于1931年，从现在的气派中亦可以看出二十世纪二三十年代成都公馆生活的纸醉金迷和光怪陆离。

现在成都珠峰宾馆的原址上曾经也有一个大公馆，它的主体建筑是一幢日本式的木楼，那座楼的造型非常奇特，在中国内陆的盆地里居然出现这种非常奇特的建筑造型，可见成都古老中所透出的摩登气息。后花园有两座中西合璧的别墅，别墅之间是小桥流水，据说它的主人曾是邓锡侯，另一种说法是它的主人是一个非常富有的寓公，成都解放时这所宅院被十八军后勤部买来做了招待所。到了二十世纪八十年代公馆被拆除建了现在的宾馆，只有那两棵巨大的银杏树仍站在宾馆门口见证着这座城市的沧桑变迁，并诉说着一座城市的兴衰更替。无疑，那座公馆比现在的宾馆更有价值，它所透出的人文气息是成都这座建城2300年而不衰的城市文化精髓之所在。那里曾是部队的一处大院，还曾是部队招待所，在那里住过的人们，一半早已作古，另一半仍然健在，作古者带着他们在那里居住过的幸福感离去，而健在的人每每聚在一起，仍然不断谈论着那个旧宅里发生过的良多趣事。

李劼人在他的《死水微澜》和《大波》中为我们描述过那种典型的川西公馆生活。成都自古以来就是寓公们首选的归宿，附近县份的大粮户、土老坎，邻近省份的军阀和商人，文人骚客、戏子名伶，乃至于从京城归来告老还乡的京宦和海外游子都在成都买房置地，于是成都成了一个大休闲场和养老院。这种传统流传至今，全省各地乃至于全国各省的人们纷纷汇聚到这座大山深处盆地的水网地带休养生息。连最偏远的群山深处的一个乡镇上，因为开矿发了一点小财的矿老板都在成都买了房。东南亚的华人，在国外赚了一点银子，也在成都附近的郫县和温江买了连体别墅准备回来养老。城市摊大饼一般越摊越大，成都从三环路开始向外扩张，目前已修到六环，把周围的县城都囊括在自己的城区范围内。一座城市人口若到了1500万应该算是极限，但成都不然，它似乎能够装下2000万、3000万，甚至更多的人口。

成都是一座宜居的城市，除了它的地理环境因素之外，更重要的是它休闲的生活方式。你若要奋斗就去北京和上海，要休闲养老则可选择成都。在一座布局松散，满街都是茶馆和餐馆，几乎每幅窗洞里都传出麻将声的城市里，人们过着悠闲的生活。成都的公馆建筑正是因这种生活方式而兴盛起来的。

公馆建筑是川西民居的集大成者。川西公馆有别于江南园林，亦有别于北京的四合院，同舶来文化发达的上海弄堂更有天壤之别。因川西公馆的主要功能除了居住外，还有一个重要的功能——保护，它要保护主人长年累月搜刮来的民脂民膏。或许主人是一个文人，他有价值连城的字画要收藏；或许主人是一个官宦，他有无数的金银财宝藏于公馆之中。这里是中国四大文物市场之一，自古以来居住着许多收藏大家，许多收藏者外表破败的宅邸里藏着价值连城的藏品。他们随时警惕着盗贼，亦要防范天灾人祸，就连推土机的声音也使他们寝食难安，所以他们不仅要修高墙，还要建密室，房屋下有暗道相通。成都是一座盆地之中的城市，本身就很封闭，加上许多朝代的更迭，这里并不太平，这使居住在这里的富豪们既有偏安一隅的落伍感，亦有一种龟缩在深宅大院里"浅井之蛙"的乐趣。

前面一再写到宽窄巷子公馆的门，其实整个少城在门的设置上都很考究。少城的大东门叫"迎祥门",小东门叫"受福门",今天的东门街是少城大东门的所在地,小东门的所在地在祠堂街东口。小南街是少城的南门,称之为"通阜门"。北门的正式名称为"延康门",在小北街地段。西大街为少城的西门,也是大城的西门,名为"清远门"。在这些门内的街道包括宽窄巷子和井巷子共同组成了少城,居住的几乎全是旗人兵丁,由此可见当年建城造街或起屋对门的要求是很严格的。修建在宽窄巷子里的院落分上、中、下三种规格的房子,修于清朝年间的相对要宽敞一些,修建于民国年间的就要局促得多。像杨森、刘文辉等军政要员都先后在此居住,据说蒋介石也曾光顾,他们看中的无疑都是这里的幽静和隐蔽。青瓦古巷,一个院子紧挨着一个院子,青砖墙、高门楼、花墙裙,没有其他街道上一家接一家店铺的嘈杂叫卖声,亦没有花街柳巷的那种妖冶和欲流,更没有贫民窟的肮脏和破败,有的只是老树枝在平原柔风中的拂动,街檐下老茶馆飘来的茶香和门洞里麻将搓动的声响。

宽窄巷子的生活用一个字就可以概括:慢。漫不经心地度过人生的少年时光和晚年日子,年轻时可以出川远游,去奋斗,去风风火火、热热烈烈地打拼,等有了一点积蓄,上了一点年岁再回来重温旧习。这里的院落上感天灵,下沾地气,宅中有园,园里有院,院中有树,树上有天,天上挂月,倒映一潭池水,三五鱼儿绕月而行,池边二三佳人做着游戏,这是天人合一的境界,亦是人们推崇这种生活的原因。

旧时成都最精妙的建筑除了"皇城"就是公馆。公馆的门面是如此的张扬,公馆的屋檐是如此夸张,公馆中的小桥流水使川西园林自成一体,它比江南园林土气,因公馆的主人大多是些乡绅和地主,他们更多讲究的是吃。从公馆中传出的公馆菜丰富了川菜的菜品,并成为川菜中最精良的宴席,与那种乡下的九大碗和街边的小吃大相径庭。自湖广填四川以来,川菜就得到不断的发展和补充。到了二十世纪三四十年代,战区内许多大学和学术机构内迁,成都集中了中国最优秀的知识分子群体，历史上再次大移民的浪潮出现在这一时期，成都兴起了公馆文化热潮。大批文人、寓公、粮户和军政首脑来到成都兴建公馆，中国各大菜系的名厨均受聘于内迁的公馆主人，促进了川菜的大吸收、大包容。

公馆菜多由文化名人和公馆主人创意，名厨按照特殊工艺制作的程序制作。一菜一格，对菜品反复研究，务求新、奇、秘，他人不能烹调，乃独家经典。旧时成都公馆请客即以秘制菜肴作为家宴招牌，这些菜做工精良，常需数日之筹措和密不告人的制作程序才能成菜，因而公馆菜中的一些菜品堪称绝唱。社会名流、达官贵人十分崇尚食不厌精，脍不厌细，讲究菜肴的色、香、味、型、器、温。

"醪糟红烧肉"就是当年成都多子巷刘湘公馆宴客的一道别具风格的名菜。刘公馆每次宴客，席桌上均要备两份醪糟红烧肉，以满足座上宾客。刘湘在当时被人称为四川王，来往宾客均为军政大员，他们对此菜十分赞赏，因此各家公馆纷纷仿制，使本品显得十分珍贵。时人皆知此菜出自刘府，称为"刘府醪糟红烧肉"，表示对其的尊敬，亦有不敢擅自将此菜品据为己有之意。

二十世纪二三十年代中国军阀混战，成都则偏安一方，各地的军阀和权贵，乃至巨商大贾纷纷在成都建造豪宅，这些宅子大多建在沟头巷、暑袜街、文庙街、华西坝、陕西街和方池街一带。这之中较有名的就是杨森的公馆，还有李家钰公馆、刘存厚公馆、唐英公馆等。但公馆最辉煌、最集中的莫过于成都大邑安仁镇刘氏家族公馆，其中刘文彩的公馆最为显摆，至今仍保留完好。这一处被叫作"收租院"的公馆已经不能再简单地称之为公馆了，完全可以叫作宫殿。

到欧洲去旅行就是去看一座座的城堡，到成都亦可以去看一处处的公馆，尽管市内的大公馆已经很少，且大多是赝品，但周围古镇上仍保留着许多川西格局的建筑。当年刘文彩回乡后干了两件大事：大量置田产和大肆修公馆。其田产达到了 5 万亩，而安仁镇上二十几座雄伟的公馆亦多为刘氏家族成员所拥有。安仁镇人杰地灵，正是因为

· 15 ·

曾经出现了一个令人瞩目的刘氏望族而名扬天下。在刘氏名单中除了刘文彩以外，还有刘文辉及另一个叱咤风云的人物——刘湘。

当年的成都最时髦的公馆集中在少城一带，穿着旗袍的少妇坐在黄包车上穿梭于公馆之间，留着大波头或分头、嘴上叼着雪茄的男人，手挽摩登女郎招摇过市。那时的街道很窄，偶有一辆老福特汽车开过，会引来众人围观。车里载着交际花，很港很洋气。还有美国大兵开着吉普车横冲直撞，车上载的是吉普女郎，口红红得像刚吃过人血馒头，他们嘴里大叫着："Let's Go，Let's Go！"这在当年的成都是很洋盘的事情。

巴金的"慧园"则是另一种风格的公馆，这种公馆大多带有后花园，后花园里发生过无数故事：丫环在这里上吊；得了肺结核的小姐同在洋学堂里读书的公子哥儿在这里幽会；然后是一道闪电，照出伪道学的老爷和老妈子在桑树下偷欢的场景……这些是当年成都公馆生活真实的写照。慧园的格局保留在今天的百花潭之内，人们可以从中领略当年那一类公馆的风韵。另一类公馆的遗韵可以在洛带广东会馆里读到，这是一种商业气很浓的场景，移民们在这里拉帮结伙，为的是在茶马古道和南方丝绸之路的起点之城——成都站稳脚跟并开创新的商业未来。

## 二、吊脚楼的消失

真正的成都市民都住在那些吊脚楼里。这是两层的临街建筑，木质结构，楼下多为店铺，楼上才是居所。楼层有一个象征性的小阳台，堆着马架子（躺椅）或其他杂物。考究的人家摆的是几盆花草。在吹吹打打的结婚轿子或呼天抢地的送葬队伍经过之时，就有幺倌儿和娘娘姆姆站在阳台上指指戳戳。当年的鼓楼街或燕鲁公所街都是这种情形。有的吊脚楼仅用两根细细的"木棍"支撑着，给人风雨飘摇之感，但几十年后仍不会倒塌。如果换成沿海城市或北方城市，这么建房会带来危险。但因为成都是内陆城市，没有台风，基本上风调雨顺，所以几根木棍支撑的吊脚楼也不会有垮塌风险。除非是发生火灾，又是在有风的季节。大火将这条街的木屋烧得飞起来，火老鸹飞过风火墙落在那条街上，城里到处都是"哦呵"之声，成都许多精彩的建筑就这样灰飞烟灭。

吊脚楼是最平民化的建筑，讲究的人家在楼后有一个天井，厕房和厨房就安置在这里。城市里的吊脚楼都不设厕所，不像乡下的民居都有茅房，所以吊脚楼的居民都用马桶，每天清早和傍晚收粪的粪车一来，倒马桶就成了城市的一大景观。在没有化肥的年代，人粪是主要的肥料，所以搜集城市粪便是农民的一个重要收入，但城市的卫生状况也因此变得很糟。这同公馆的格局大不相同，公馆都有自己的旱厕，富有的人家还有专人维护，自古以来厕所文化就能显示出使用者身份的贵贱。

现在的成都并不是当年张仪修筑的那座龟城，也不是诸葛亮坐镇过的成都城。当年的城池早已在张献忠剿四川时被彻底破坏，成都城内已是残垣断壁，野草丛生，甚至城内已有了大型野兽，人民流离失所。今天的成都是在清代重建的，当时穿城不过九里三，完全包在老城墙之内。之后城市不断扩展，先有一环路，再有二环、三环，现在六环已经建成。可惜的是那些吊脚楼和公馆，连同那些老巷子都成了遗韵，哪怕有锦里或抚琴路这样的仿古街，还保留着杜甫草堂和武侯祠这样的文化盆景，甚至还维护着宽巷子和窄巷子这等老旧的城市文化符号。那种黄包车碾过青石板路，车上坐着穿旗袍的名伶去赶堂会的场景；那种水津街上的柴店，市民早晨出门卖苦力挣了几个辛苦钱，这才称一升米买一把柴回家度日的情景都已不复存在。连同华西坝礼拜堂传出的唱诗声，和着管风琴的琴音，如此的韵味早已无觅处也。那在清早起来大吼一声"倒桶子啰!"，那种夏天傍晚"蚊烟哟，蚊烟"的吆喝，那种七月半午夜的招魂声……那座巴金笔下的成都，李劼人笔下的成都，只能在文人笔下重现。

蜀
都
遗
韵

记
忆
留
存
的
历
史
余
味

# 一夜之间挖垮的城墙

　　成都的城墙如今只保留了一小截，这幸存的一段也仅是因为作为北较场的护墙而残存下来的。这残存的一段是后来重新修建而成的。城墙要重新修的可能性很小，这是因为工程太浩大，无法承受，而实际的作用（防御工事）已没有。在成都附近的一个小镇有一段人工城墙，堂而皇之地叫作"长城"，真是滑天下之大稽。这倒也有成都人的幽默自讽意识在里面，小镇上的这段人工城墙毕竟还算勇敢，敢于将这种人造景观用庄严的名称来命名。

　　成都城墙在历史上是"楼观壮丽，城郭完固"，其巍峨胜于西南。也就是说历史上整个中国西南，唯成都城墙最为高大坚固。它的墙芯用的是龙泉驿的黄土，这种土有黏性，又很稳定。外墙是专门烧制的城墙砖，十分结实。成都古城垣，绕城 11.4 千米。东西之间相距 4.65 千米，南北相距 3.85 千米，站在城墙上可以鸟瞰全城。特别是北门内外，城墙巍峨，墙外菜畦成片，锦江水东流而过，墙内则是一条大街，商户林立，生意兴隆。城墙上逢年过节都很热闹，城民在上面举行各种庆典。当年城墙内外遍种芙蓉，间种桃柳，使城墙周围花团锦簇。

　　通过史料我们还能看出成都明清古城墙的气势。当年站在成都东大街的尽头，距府河 200 米远的地方，屹立着古城东大门门楼。到了正月灯会时节成都人就要上城楼去观灯，春天还会在城墙上放风筝。

在一片平原上陡然立起一座雄关，使成都这座中国西南的历史名城显得无比雄壮和威严。这门楼在明代时被人叫作"迎晖门"，意即它每天最早迎来朝晖。张献忠攻打成都时城墙发挥了巨大的抵御作用，张久攻不下，只得从护城河下挖地道到城墙下，埋上炸药把城墙炸出一个口子，大西军才冲进城来，这就足以证明成都城墙的坚固和护卫城市的作用。这一点同西安现存的城墙异曲同工，西安的城墙也是在关中平原上陡然而立，才有这种拱卫城市的气势和作用。

成都人春日爱登城楼，夏日爱游江，秋日放河灯，冬日观灯，总之是一年四季都有节日而不闲着。春日登城楼是为了发思古之情幽。这在司马相如的诗篇或李劼人的小说中都有记述。从城墙上放眼望去，满眼的青砖瓦房、四合院、吊脚楼，铺石板的古街上小贩的吆喝声此起彼伏，古刹的钟声传来，使成都城平添一种古老的遗韵。成都自古以来是倦鸟的归宿，是官宦游子的养老地。城中府第、公馆、门洞、四合院、独门独户的小院，前店后厂的铺面，乃至于草房子、木板棚、偏偏、席围子，各种规格的房子都有。最有讲究的还是公馆，成都附近各县，乃至于川南、川北和川东的富户、粮户、财主、地主，或中了举，当过几年官宦的人都要在城里买地置屋。这些房屋大多有几进的天井，前后花园的格局，有些还仿照西洋建筑弄得不土不洋，这种公馆在陕西街和东大街一带最为多见，只可惜这两条街在今天变化得最为彻底，再想见到那些美不胜收的公馆已没有这种眼福。

著名的公馆连同城墙早已消失在尘埃中。成都已没有多少辉煌的建筑能够幸免于破坏而留下来，其中破坏得最为彻底的就是老公馆。

说到成都的建筑，先说府第，"皇城"是最为气派的。成都曾是三国时刘备的蜀汉之都埠，李雄的成国之首城，王建的前蜀中心，孟知祥的后蜀王城，张献忠的大西政权帝府，历朝历代成都都是四川的省会和中国西南的商业中枢。在成都居住过的王侯将相不计其数，到了清代的雍正、乾隆年间，岳钟琪出任四川提督，署理总督，平息准噶尔叛乱有功，封为"公"，这是当时除皇亲国戚外的最高封号。不久他因得罪皇

壹 成都记忆是一条长河

帝削职为民，住在百花潭靠种茶种菜为生。大小金川之乱，岳钟琪被召还封为大将军，平息金川之乱后又赏还公爵封号，迁往岳府街，建了公爵府。这是仅次于"皇城"的建筑。

另一处是位于文庙前街的杨遇春的侯府。在这些官邸宅院中不仅有精美的建筑，也有设计精巧的后花园、亭台楼阁，小桥流水，形成风格独特的川西园林，其可与江南的园林艺术分庭抗礼。其中有名的还有：最后一个都督尹昌衡建在忠烈祠街的止园，最后一个布衣状元骆成骧建在文庙街骆状元巷的状元府以及提督街上赵尔丰的督署，爵版街林山腴的清寂堂等，每一处都是不可多得的文物。再加上华西坝和四圣祠街上的西洋建筑，以及陕西街上西洋风格的别墅，站在城墙上这一切都可尽收眼底。

清代的成都城墙"高三丈，厚一丈八尺，周二十二里三分，计四千一十四丈，东西相距九里三分，垛口五千五百三十八，敌楼四，堆房十一，门四"（见于雍正《四川通志·城池》）。此城较乾隆重修的城墙二十二里八分略小。清城城门四，东门曰迎晖门，南门叫江桥门，西门唤作清远门，北门呼为大安门。迎晖门出去便是龙泉驿大道，可直通重庆；江桥门通的是南路，一般走大邑、邛崃方向，可直达云南，是南方丝绸之路的经典线路，所以邛崃又被称之为"天府南来第一州"；清远门到达灌口，这是古代茶马古道的路线，翻过二郎山可以到达打箭炉（康定），是川康要道；大安门一路北上到达陕西，秦岭一带全是险要的栈道，这条路最为艰险，是李白称之为"蜀道之难，难于上青天"的路段，路虽惊险，但川陕大道一直是蜀地与中原和关中联系的命脉，因而历朝历代都是最为重要的通道。

除了东南西北四门之外，另有新西门、新南门、水东门。四个门的城楼也分别有名称，东门城楼叫作博济，南门楼叫作浣溪，西门楼叫作江源，北门楼叫作涵泽。东南西北四门分别代表春夏秋冬四季，北门有北较场，与军事相关，是重要的防御之门。盛大的庆典总是在代表温暖的南门举行。1913 年西较场附近开凿了通惠门，1915 年又在东较场建成武成门，1939年为了连接上莲池街而打通了复兴门。抗战时期日机对成都实行了大轰炸，为了方便人们疏散，在四面城墙开通了许多缺口，城墙已残破不全。

清末成都老城墙大体上还保护完好

　　成都自秦惠王二十七年（前310年）筑城，出张仪筑龟城，城墙便一直屹立。历史上城墙不断地改建、扩建、重建、翻建，但从来不曾被废弃。前面提到的张献忠攻城，把城墙炸了一道口子，以至于后来屠城火烧成都7天7夜，许多房屋都化为灰烬，也没有把城墙烧垮。到公元1949年，历时2059年城墙都完好无缺。一直到20世纪六七十年代还有残垣断壁，但城墙不被重视，也无人加以保护，不断被人取土、撬砖、堆垃圾，甚至有人在城墙上种地，其收成十分可怜，但仍有人乐此不疲。城墙上正是荒草萋萋，残土破砖，站在城墙上可以看见城外的华西坝和城内的皇城坝，以及皇城坝后面的制高点煤山。1932年冬天，四川军阀二十四军军长刘文辉、二十八军军长邓锡侯、二十九军军长田颂尧在成都市内开战，成都的大街小巷都成为战区，煤山成为城内的制高点，这实际已是一处垃圾堆积场，却成为各方争夺的重点。中华人民共和国成立后，煤山被搬走建成体育场。

二十世纪三十到四十年代，城墙成了成都最大的贫民窟，城墙边和城门洞搭满了烂席棚。成都有一句老话"蹲城墙边边"，就是说只要破落了就去城墙边搭一个草棚子度日，这是谁也管不了的事情。中国除了西安城墙之外第二大的城墙就这样被日益掏空。世界上有许多没有历史纵深感的地方捡到一点肤浅的东西就当成宝贝来保存，还要建博物馆，安排专门的研究人员，而有悠久历史的地方，人们却把厚重不当一回事，只有等到老祖宗留下的古玩意儿损失殆尽才痛定思痛，追悔莫及，这种事情总是不断地发生在我们身边。

城墙的毁灭是在二十世纪六七十年代，当时人们被号召起来挖土打战备砖，城墙上爬满了蚂蚁一样的人群，人们一夜之间就将城墙挖成一些土包，再过几天去看连这些土包也不存在了，成都城墙终于被夷为平地。

二十世纪五十年代成都最后的一些城墙，1959 年后渐被拆毁

# 成都美女故事

　　母亲是二十世纪五十年代她所在医院的院花，如今已七老八十的母亲一提到当年自己的美艳仍自豪不已。母亲常在饭桌子上用筷子敲着父亲的碗称赞自己的大美，并强烈要求父亲出来证明这一点。这时父亲总是笑盈盈地不置可否，并声明自己也是当年的超级帅哥，反过来要母亲证明这一点。我们兄妹一个个笑扯扯地数着饭粒，对父母的这种自吹自擂表示怀疑。这种时候母亲就要大张旗鼓地去翻她的相册，果然翻出了几张美女照片，但我们兄妹一看便忍俊不禁，只差把饭喷出。母亲扎着武装带，背着军挎包，梳着刘海，做出撒种子开花的动作，一脸的理想主义色彩。见我们嘲笑，她就使劲解释说你们是不懂时代背景，那年代时兴不爱红装爱武装，这种打扮在当年就是最酷的造型了。你们不能拿今天的美女造型出来比较，今天的美女一个个饿得跟柴禾似的，仿佛风都吹得倒，而我们那时的标准是结实美，能吃能做能生孩子，所以一个个胖嘟嘟的，太瘦的女子根本没人要。不要说部队不招这种干柴似的小女子，就连大学也不要"林黛玉"似的女子，人们最喜欢胖胖的女子。母亲的这番解释令我们瞠目结舌，一个个赶紧刨饭，生怕瘦成一根藤没有出息。

　　父亲的照片就更可笑，梳着王保长式的分分头，圆口布鞋，唯一的装束就是中山装的口袋里插着一支钢笔，怎么看怎么土，但父亲的长相确实很帅，只是打扮得土里巴叽，一看就知道是刚进城的农民，成都话叫"地皮子还没踩热"。父亲是十八军的老战士，曾徒步进军西藏。他英勇善战，但对城里人来说就显得憨痴痴的，作为院花的母亲怎么就看上了这么土气的父亲了呢？母亲解释说二十世纪五十年代美女们的择偶标准是"一颗红心，两种准备，每月三十元生活费。政治可靠，出身贫农，丈母娘在居委会"。这种解释自然引得饭桌子上的我们一片欢声笑语。

五十年代的美女们还可以扑一点粉，搽一点口红，甚至参加联欢会，跳一跳交际舞，到了六十年代到处都是铁脚铁臂铁肩膀的铁姑娘。不仅不能爱红装，还只能爱武装。七十年代，这种趋势更甚，满街人的着装千篇一律，衣服颜色不是黑的，就是灰的，衣裳又肥又大，笼衣裹袖，再漂亮的美女被这种服装一包裹也只能是一个泡菜坛子，没有任何腰肢能够显露。那时，连街上的宣传画也是肥厚的造型，男的一律浓眉大眼，女的一律举着老拳，似要砸烂一切"帝修反"以及"封资修"。

我的小姨就是这么一位，扎着两根大辫子，一甩一甩的，她那时正同姨父谈恋爱，却整得偷偷摸摸，跟地下工作者一样。那时美女们都爱去春熙路上的耀华餐厅吃西餐，谈恋爱的革命青年都爱去那里坐一坐。所谓西餐就是8块钱一份的套餐，有一杯牛奶、一个面包、几片冒充牛排的烤羊肉，西红柿拌上白糖也算是一道西菜，总之搞得不土不洋的。食客却很多，要排班站队。那时父亲一从西藏寄回生活费，我总是向外婆要8块钱飞快地跑到耀华餐厅去啖一盘西餐，然后舔着满嘴黄油四处显扬。小姨去西餐馆开洋荤还是跟我学的，否则一个土生土长的成都妹子哪里会有吃西餐的概念，顶多也就是吃一吃回锅肉。我就是在耀华遇上搞地下恋爱的小姨和姨父的，姨父是当年典型的操哥，吹着大波头，被戏称为"耗子脑壳梳瘟三"，一件羊毛开衫也是打敞穿，春熙路上站中间，正在批评小姨的资产阶级思想。当年正处于"除四旧"运动的高潮，春熙路被改名为"反帝路"，与此同时，成都几乎所有街道在一夜之间都改了名，盐市口成了英雄口，牛市口成了胜利口，文武路改成新华路，春熙路上的店名自然也首当其冲，春熙路百货商店改成了反帝路百货商店，云裳理发店、龙抄手、廖广东老字号刀剪店、同仁老铺等店招牌全被砸得稀烂。当时不仅街名、店名要改，就连人名也都大改特改，小姨本叫杨惠君，被姨父改成了杨红卫，姨父自己从王博涛改成了王文革。一切都要与"封资修"有关的东西划清界限。新上海照相馆改成了红卫照相馆，云裳理发店改成了工农兵理发店，赖汤圆改成成都汤圆，张鸭子成了支农饭店，夫妻肺片也改成了新新饮食部。陈麻婆豆腐改叫麻辣豆腐，店铺改名文胜饭店，意为为"文革"胜利而战斗，寓意不可谓不深。

此时，小姨和姨父还为吃中餐还是吃西餐发生了争执，结果是姨父取得了胜利，去吃了8分钱一碗的清汤面。

回忆起当年的情形，我总是问小姨，你一个大美女怎么就会嫁给姨父这种土老坎，小姨说你难道不知道六十年代的择偶标准吗，当年流行"成分是工人，收入支出能平衡，房子两大间，粮票三十二斤半"。小姨出身不好，能够嫁给姨父也算是找到了保护伞，但几十年后她才发觉姨父并不是她的保护伞，反倒是她最大的拖累。

七十年代后期，成都美女们开始武装自己，但也仅是把小脚裤腿改成喇叭裤，后又改成萝卜裤，改来改去，但只改一个裤腿也被视为奇装异服和资产阶级自由化倾向。七十年代在美女中间流行一段择偶顺口溜"一表人才，二老双亡，三转一响，四季衣裳，五官周正，六亲不认，七十块以上，八面玲珑，烟酒不沾，十分听话"。从中可以看出改革开放前夕经济多么落后，人们的追求又是多么的落伍。

我们院坝里的赵美女就是比着这个标准去要朋友的。当时我们家住在现在珠峰宾馆的旧址上，这里曾是邓锡侯的公馆，成都刚解放时作家乔瑜的父亲，当时任部队的后勤部长，购得这处宅院，这里后来便成了部队的一处招待所。我们这个部队大院里盛产美女，这可能是因为父母们都来自五湖四海，为了一个共同的革命目标走到一起来了，所以我们这些革命后代大多长得很靓很帅。加上营养比一般居民好，所以又发育得很成熟。但美女们打扮得很艰苦，赵美女就是用铁丝烧红了烫卷卷头，铁丝压在头发上会发出"嗤"的一阵响声，并传出一股焦煳味儿，这不像是在美发，很像是遭受酷刑。有时候不小心还可能烫到头皮，赵美女遭受这种待遇时，便发出鸡被抹脖子时的那种尖叫，其状很惨，但为了美也只能如此。

当年用烧红的铁丝帮赵美女烫头发的就是我，这样做的目的是得到一听军用的午餐肉罐头。赵美女的父亲是司务长，所以她家的罐头比较富余。当年同赵美女走得如此之近也仅仅只想混一个罐头吃一吃，并没有产生过任何"歹意"。前两天我还在春熙路上碰见了赵美女，她一脸的皱纹，头发已经花白，但仍然很卷曲，不知道是不是当年我用烧红的铁丝给她烫得太狠落下的病根。她那个男朋友为了同她耍朋友还有过一段"苦肉"经历。因为家离体育场近，赵美女就时兴去那里兜风。一次赵美女被两个操哥堵住，死皮赖脸要"扇盒盒"（耍朋友），赵美女吓得脸都白了。这时她后来的男友便站出来保护她，结果被操哥煸成了"四季豆"，要不是治安联防的赶来，后果不堪设想。赵美女因此跟了她的男友，多年以后的一次吵架才从已升任她丈夫的嘴里得知这是一出苦肉计，那两个操哥全是她丈夫的兄弟伙，可惜一代大美女已被两个娃娃牵着衣袖叫妈妈了。

八十年代情况大变，当时流行的一段择偶顺口溜可以看出这种变化："八大件，三套间，存款不少于一万元。有文凭，坐机关，父母至少是大官。经常出差四处转，外贸部门有内线。看报可以看'内参'，看病都进军医院。坐小车，玩电话，屋里还有大彩电。"从这段顺口溜就不难发现当时经济状况的改变对人们欲望的冲击。记得当年我是最早拥有一件的确良衬衫的人，一穿出来在学校或院坝里都很是拉风。我总是把它整整齐齐地叠放在衣柜里，要有重大活动才肯穿出来洋盘。我们隔壁的李幺妹就打过我这件的确良衬衫的主意。李幺妹年方二八，正是如花似玉的年龄，特别爱打扮，但父母从不给她买新衣服，她只能捡她姐姐的旧衣服穿。有一天她怯生生地对我说能不能把我的那件宝衣借给她穿一穿，她想去学校报名诗朗诵，有了这件宝衣她肯定能被选中。我当即就回绝了她，理由是那是一件男装，不适合小姑娘穿。其实我是根本没有把她打上眼，一个小不点儿，也敢来打我的的确良衬衫的主意。李幺妹背过身去，明显是在抽泣。现在想起来当年的我很办了一些不体面的事，一件衣服借给别人去美一美有什么了不起，而我竟然如此绝情，让一个小美女伤心。这事过后我很快就忘了，我依然穿着我的宝衣四处兜风。当年在我们那个部队大院我是公认的帅哥，俊男配上宝衣就很惹人的眼球。不料当我把宝衣洗了晾出去后竟不见了，这还了得，我立即发动全院坝的大人小孩去寻找，并怀疑到李幺妹头上，认定是她为报复我将宝衣偷去了。李幺妹打死也不肯承认，哭得昏天黑地，一个美女怎么能够容忍一个小混球的栽赃？李幺妹四处申冤，并因此跟我结下了梁子，以至于到了今天还不肯原谅我，因为污人的清白是一件不可原谅的事。我的宝衣一直没有找到，至今仍是一个谜团。现在李幺妹的女儿也已经读大学了，也是一个典型的成都美女，当年院坝的老住户大聚会她一出现就惹得一阵骚动，她梳着辣妹头，穿的是露脐装，被称为"三只眼睛看世界"，因为别人都只露两只眼睛，她还多露一只"肚脐眼"。

到了21世纪的今天，我们身边的美女如雨后春笋般成长起来了，到了春熙路就如走进美女花园。我老婆常常取笑我，说你是人老眼花，所以看什么都是花。正因为我如此爱花，四川人民出版社的编辑王华光才请我写《成都美女》一书。这本书写得十分艰难，因为有太多的美女都要上书，而在鉴别谁是真美女、谁是假美女时就十分困难。那一段时间我们家真是美女如潮，弄得我患了审美疲劳。说真的，看美女看多了的我还真看出了经验，加上当过两次选美赛的评委，我一眼就能看出哪个双眼皮是割的，哪个是垫过塌鼻子的，哪个的酒窝窝是假货。

成都是一座美食之城，成都美女天生好吃，过去是没钱打扮，没有钱吃，现在美食那么多，美女们就经不住诱惑。李爱丽莎就是其中一位，她是我同事的女儿，是唱歌的，还是那种美声唱法，但她天天都要吃火锅，一天不吃连走路都要打偏偏。她每天醒来都在发誓，今天一定要管住嘴巴。她身高1米65，体重50公斤，是成都美女标准的造型，但再也不能长了，否则将沦为二等美女，这是她最不能忍受的。走在街上，那么多的美食在考验李爱丽莎的意志，她最不坚定的就是意志力，心想啃一个兔脑壳不至于长胖吧！啃过之后馋瘾大发，又原谅自己再啃两个鹅翅膀，于是这么一路啃下去，等见到她男友，隔着一条街就大声武气地说："快帮我算一算卡路里，看我有没有超标！还有胆固醇！！"她一边跟男友打招呼，一边望着街边的烧烤摊和冷淡杯感叹说："不吃损心，吃了损容，为了美我就豁出去了，连午饭也免了。"于是当众擦掉嘴上的辣椒皮，又补了妆，还原了淑女形象。但一挽起男友的手就问："你今天中午是请我吃钟水饺还是龙抄手？不要那么吝啬，我胃口小，又在减肥，吃不了多少的。"男友只能感叹说，不花男人钱的女朋友根本就不是男人的女朋友。

李爱丽莎回到家一称体重便惊呼：天啦，都快赶上甜烧白了。她让男友赶紧给她泡一杯减肥茶，并声明明天看见东坡肘子也绝不再受引诱。她又怪她那个砍脑壳的男友，点那么多的美食是想撑死她还是想谋害她，知道美女最怕长膘还这么干，安的什么心？！

这就是当今的成都美女，总是在矛盾中度日，譬如李爱丽莎，见了我就要痛说革命家史，很无辜地对我说她连饱饭都没有吃过几顿，但喝凉白开都长肉，简直比吃猪饲料还见效。她一边说还一边吃烤红苕，嫌红苕不甜，让卖红苕的给她加一点白糖。那些卖红苕的也不负责，谁想加白糖随便加，反正吃胖了也没有关系，卖烤红苕的还兼卖减肥茶，肥瘦他都赚钱。何况还有韩国来的整容师，在大街小巷开了无数家整容院，举着柳叶刀随时准备割下女人身上多余的肥肉，所以你看吃货们成天都在大嗨大嗟，却没有看见有几个胖婆出现，这都是韩国美容师作出的贡献。

几十年来我面对众多成都美女的喜怒哀乐，感慨良多。我给她们分了等级：一等美女品茶，有一男伴厮守，有音乐轻轻飘来，这是一种宁静和人生品味；二等美女喝咖啡，有一群男人助兴，这时尚而又热闹；三等美女喝烈酒，抽女性香烟，听摇滚音乐，这前卫而又刺激；伪美女干扎啤，对所有能喝的液体来者不拒；丑女干脆牛饮勾兑的饮料，吃得满嘴色素，打着饱嗝，喷着碳酸味，大喊"痛快"。

# 江口古战场和张献忠沉银处

石牛对石鼓，银子万万五。

有人识得破，买尽成都府。

    这是当年在成都流传的一首歌谣，连 3 岁垂髫都会唱，可见流传之广。传说 300 多年前张献忠这位农民起义的首领败走成都时，把大量无法携带的金银财宝埋藏在河底，以石牛石鼓作为记号，以便重返时挖取。但张献忠本人也没有预料到他走的是一条不归路。岁月沧桑，300 多年来无人识破这藏金之处，却留下了无数传奇故事。

    当年，大西军在张献忠的率领下，从新津码头分批坐上等候于此的几十艘大船和无数小船，沿岷江顺流而下。一些没有坐上船的步兵只好沿江徒步，弄得沿江村庄鸡犬不宁。农舍早已十室九空，大西军弄不到粮草，只好将房舍拆了当柴烧，所有能吃的东西都被抢光。那几十艘大船中既装了士兵和辎重，又装载了一批从大西国四处搜刮来的金银财宝，船和人缓缓而行，不久便抵达了彭山水域的江口地界。

    发源于高原大山里的岷江自北向南进入成都平原，在都江堰分成外江和内江。内江流经成都平原，分成府河、南河。这两条河从成都绕城而过，沿途又汇合了另外的河流，与新津绕过来的外江在江口镇外合成一股，形成岷江下游直奔乐山，最后在宜宾汇入长江。两河汇流处，坐镇观三江，江口由此得名。张献忠站在大船的夹板上，迎风而立，观赏着四周的风光。站在张献忠身后的是他的四个义子（孙可旺、李定国、艾能奇和刘文秀）以及心腹谋臣汪兆龄。就在船队要进入岷江主航道时，意外发生了。

行进在最前面的一艘大船被水中的障碍物给挡住了，停在江面上动弹不得，后面的船只在紧急停船时还来不及停下，便狠狠地撞在前面船的船尾上，一些士兵在猛烈的撞击下被抛入江中，江面上一片混乱。张献忠立即下令下水查看。几名熟悉水性的士兵潜入江底，不一会儿冒出头来报告说水下有铁链。这消息仿佛炸雷，一下子传遍了各条船只。

"水下有铁链？这是什么意思？"

船上的官兵都在猜测，莫名地紧张起来。就在大家满心惊惶时，水面突然出现了一些黑影，远远望去，像是一艘艘小船，正快速地朝船队靠近，大西军如临大敌，各条船上的指挥官纷纷招呼士兵做好战斗准备，同时各条船只试图调整好船身，摆出作战队形。黑影的速度非常之快，一眨眼已到近前，大西军这才看清驶来的是一条条载满火器的小船。大西军的船只过大，又被水中铁链困住，想要摆脱这些灵活的小船谈何容易。士兵们正大惊失色之时，小船已冲将上来，有的大船被引燃，有的大船被撞上来的小船所载的炸药引爆，在爆炸声中木制的大船断成几截，并燃烧起来，大火又传到挤在一起的船上。士兵呼叫着，乱成一团。他们大多不识水性，见江水涌入船舱完全乱了方寸，又因船只紧张，每只船都超载，在这突如其来的变故之中，人满为患的船只会更容易倾覆。

江上大火燃烧，火光冲天，连成一片，这就是扑朔迷离的"江口兵败"。

不识水性的大西军乱了阵脚，受创船只上的士兵在无人攻击的情况下不是自救，而是互相踩踏，弃船跳入江中，叫喊声此起彼伏。大西军虽拥有极强的战斗力，但精于陆战的军士到了水中便不堪一击。江口岷江上的遭遇只是大西军厄运的开始，江口沿岸早有杨展部重兵伏击，趁大西军乱成一团时两岸弓箭齐射，夺命箭雨倾泻在大西军的船队之上，无数大西军士兵中箭落水而亡。没有中箭的也被扯到水中挣扎，哀号之声不绝于耳，大西军士兵大多成了水鬼，少数爬上岸的又被岸上杨展伏兵推下水淹死。河水被染成红色，一直流到嘉州（乐山），奔向叙府（宜宾）。浮在水面的死尸将河道阻塞，漫上河港，腐烂之后臭气熏天，使瘟疫又流行开来，许多飞禽野狗也因吞食了腐肉将病菌带到各地，附近乡场上的水土被污染，就连来不及逃走的乡民也难以存活。

张献忠在众将的保护下赶紧躲回船舱，惊魂未定的他一屁股落在龙椅上，喘着粗气，这场面是他始料未及的。这时他早已没有了大西皇帝的霸气，两眼呆滞，茫然不知所措，呆滞的眼珠转了两圈，命令撤回成都。水军都督报告问那些载了金银财宝的船只怎么办？载着五十两一锭的银两和五十两一锭的金子的大船已经进水，载了金册、银册、金币以及戒指、耳环、发簪等金饰的船已沉入江底，孟昶嵌有7种宝石的痰盂也不知所终。掌管财务的官员拖着哭腔报告说大西国的金杖不见了，连同打造木船的木匠也趁乱带着战船建造图纸溜之大吉了。

对于这么多接踵而至的坏消息，张献忠已经麻木。他走州吃州，走县吃县，一是嗜杀，一是掠财。从崇祯三年（1630年）在陕西发动米脂十八寨起义后到崇祯十七年（1644年），先后转战秦、晋、豫、皖、湘、赣、楚、蜀等十几个州府，破黄陵，擒藩王，缴获了大量金银财宝和战利品，一路掠夺而来，收地主的财富，缴府库的银两，攻下武昌后，尽取王宫金银上百万两。逼死蜀王后，他独享着比肩紫禁城的蜀王府，何其奢华。他还立下规矩，部下若私藏金银一两，斩全家，藏十两，本人剥皮，斩全家。如此一来，所过之处财富尽归张献忠一人。连明朝的崇祯皇帝也比不过张献忠，他在成都举办斗宝大会，24间房子摆满奇珍异宝，这次从成都撤退，载银两24船，装在木鞘箱笼之中。

面对这混乱的局面，张献忠反倒镇定下来，他沉默了一阵，下了狠心，命令说："把银船给我凿沉，不为我用，也不落入他人之手。"众将领慌乱地领命而去。这一仗尽管大西军奋力反击，但由于阵脚已乱而杨展的部队又占据了有利地势，大西军大败而逃，丢下数十艘战船的辎重才得以突围，退回成都方向。载满银两珠宝的船只被士兵凿破沉入江底，这是一笔巨大的财富，随着时间的流逝而去向不明，为后世留下一个巨大的谜团。

成都自古以来就无比富足，金银财宝无数，当年宋太祖派兵攻破成都，运送财宝的车队就源源不断。同样，张献忠逃离成都时，还有另一个版本，说大队人马是在新津登船的，而张献忠本人是在成都九眼桥下登的船。由水路启程，船少人多，大量金银财宝无法携带，在莹华寺（今望江楼对岸）上船时，他下令在石佛寺侧挖一个大坑把金银埋藏起来。为了防止泄密，又将参加埋金银的人全部杀掉。其中只有一个石匠侥幸逃脱，他在张献忠的卫队处决那些埋宝人时正好蹲在厕所里，听见外面的杀戮声，他从厕所坑里爬出去没命地跑，借着黑夜的掩护一直逃到家乡，凭记忆将埋藏金银的地点画成草图，交给他的孙子携带着逃亡他乡。从此这张草图成了无价之宝，并因此演出了一幕幕人间悲喜剧。

成都确实是一个蕴藏着无数宝藏的地方，它不仅在文化上宝藏无数，在财富上历朝历代的积累也丰盛无比。同时，成都又是一个充满了传奇故事的城市，每一次苦难，抑或是每一次兴盛，都会留下无数充满传奇色彩的掌故和传说，这不仅为文学创作增加了注脚，也为淘宝人、盗墓者、做发财梦的阔佬、耽于幻想的富婆和想一夜之间发福的瘦仔提供了想象和发挥的空间。关于张献忠的财宝埋在何处这一命题，已翻出无数的版本，并闹出过无数笑话。许多本来很有钱的富翁因为贪婪为掘宝弄得倾家荡产；也有为此付出惨重代价的富婆，她们被各种淘宝公司、骗子、掮客、文物贩子、吃诈钱的、玩玄钱的骗财骗色，最后弄得家破人亡也是有的。

张献忠上船和埋宝的地点——望江楼,自古以来就是成都的一大名胜。望江楼以拥有唐代女诗人薛涛的墓及其他文物古迹而驰名中外,其中最著名的就是薛涛井。女诗人薛涛诗文俱佳,却因父薛郧亏空钱粮,触犯刑章而受到牵连,被迫去做"院妓"。后又从长安流落成都,同历任四川节度使交好,以诗文名垂千古。薛涛虽只活了47岁,却写出了许多抒情七绝。这些诗哀婉清丽,文采飞扬,读来使人感慨颇多,以至于人们对她辛酸的生活、凄凉的身世寄予无限同情。千古以来,女诗人独卧江边,观锦城之变化,叹世事之沧桑,见证了这条岷江支流的流淌,也见证了这座历史文化名城的兴衰。

1938年冬天,成都学道街挂出一块冠冕堂皇的招牌——锦江淘江公司。新成立一个公司本不值得大惊小怪,但这个公司成立的消息一传出却引起成都的轰动。这是那段黄金埋河传说引发的又一幕闹剧。一时间报刊广为宣传,目的是募集股金。有勘测埋金地点的,有招收工人的,有购置了抽水机和探测器的,这种金属探测器还是从英国进口的,花了不少银子。他们根据传说中的那个石匠描画的草图,终于求出埋金地点是锦江下游石佛寺下面三角地段的左侧江中,并决定趁冬季河水较少时将宝藏挖出来。

关键是那张图,辗转两三百年,一代又一代传承,到了今天已有无数赝品,所以它的可靠性难倒了无数专家学者。根据石匠的草图专家不断求证出不同的藏宝地点,但都是错误的,而这次在锦江中大规模的挖掘行动却被专家们信誓旦旦地宣称为一次准确的掘宝行为,这吊起了所有人的胃口。许多原本将信将疑的人也相信了这次行动的准确,而掏了腰包前来参股,好分一杯羹;许多表示怀疑的人也当了真,前来融资,盼望着以后宝藏被挖出来时可以成为股东;甚至成都最有钱的几个老板还成立了一家赌博公司,赔率从一比一升到十比一、二十比一,最后疯狂地变为八十比一。连最保守的市民也在积极地筹钱准备买一锭挖出来的白银,打一个银手镯。保持清醒的是一个收荒匠,他不仅不相信有什么宝物,还嘲笑那些疯狂的人,结果被人当场打掉了两颗门牙，坐在河边喘气。那个收荒匠豁着一张不关风的嘴赌咒发誓要看淘宝公司的笑话。

正式开工那天，各界知名人士参加了开工大典。河水被改道，河道里人声鼎沸。挖土声、抽水声、号子声响成一片。锦江两岸看热闹的人头攒动，成都人几乎倾城出动，来看这千古一出的闹剧。因为人太多，政府不得不出动军警维持秩序。有人惊呼：

"挖出大石牛了!"

人们的眼睛都掉进了河中，争睹石牛的尊容。又有人惊呼：

"石鼓也挖出来了!!"

消息一个传一个，早已传得走样，变得神乎其神。人们涌向东城门，直奔九眼桥，顺着府河去看稀奇。张献忠的财宝可是一大笔财富，当年这个杀人魔王在成都抢劫的宝藏无数，几十条大船装满了都没有塞下，才不得不将宝藏埋于河道之中，今天这宝藏一旦被启出，将何等神奇!

淘江工程日夜进行，河床被挖了一个很深很大的坑，泥沙卵石被工人们一筐筐挑出。金属探测仪也令人心跳地响起。人们惊喜万分，大众对这种洋玩意儿充满神秘感，断定是探测到了宝贝。只有那个收荒匠还在奔走呼号：

"假的，假的……"

没有人理会他，在拥挤的人群中人们都躲着他，生怕沾了晦气，并评价说：

"疯子! 疯子!"

人们引颈以待，注视着挖掘的进展。坑里果然挖出了金属。令人极其失望的是这些并非什么值钱货，只是四箩筐锈成块状的小铜钱。铜钱被挖取后探测仪便再也不发信号了。

"哦呵!"

"唉!"

府河两岸发出一阵阵叹息声。收荒匠顿时成了英雄。成都当天的报纸有一则有趣的评论说，那么多的专家和聪明的大众还不及一个收荒匠的智慧。自然，那么高的赔率也没有兑现，否则，成都街头又要诞生一大群叫花子。

1938年冬天的黄金案成了流传至今的大笑话，1996年春天却真的挖出了一个大宝贝，这就是发生在府南河拆迁工地的事情。当民工挖到一米深的污泥下时，一座石牌显露出来，这是八十多年前嵌在由英国、美国、加拿大三国五个教会创办的华西协合大学门上的石牌，上面的文字由英文写成，近一个世纪后这座学府早已驰名中外，但它的校牌却不知所终，最后竟在河道中被挖出。

府南河被称为成都的大学河和文化河，成都著名的学府在河边一座座排开，加上望江楼、百花潭、浣花溪等历史文化古迹的点缀，又有无数掌故和名人轶事的渲染，使这条河负载了更多的神秘和传奇色彩。张献忠的财宝埋在何处？正是本书前面写的江口古战场，无数的宝藏从河道中挖出来，关于这些宝藏的来龙去脉，其中无数传奇的故事，将是另外的书籍中要讲述的。

# 华西坝往事如烟

## 一、华西坝是成都人的一个文化情结

被公认为历史文化名城的成都主要有两条文化线路，一条是中国文化的传统脉络，这是由司马相如、诸葛亮、杜甫、薛涛、花蕊夫人，乃至近代的巴金、李劼人等文化名人所沿革和演绎的文化源流，这是文化的主线。另一条线路则是西方文明进入崇山峻岭的中国西部之后，由英国人陶维新、启尔德，美国人毕启等人带来的西方文化，这是文化的副线。洋人早在十九世纪末二十世纪初就进入四川的成都，他们主要是沿着长江上行，到达重庆后，一路走陆路，一路继续沿水路从宜宾进入岷江上行到达成都。甚至明末清初张献忠在成都建立大西朝时就有意大利人利类斯和葡萄牙人安文思在成都活动、传教，这两个洋人还被张献忠拜为天学国师。当年加拿大人林则就是走的成渝路，最早将西方的口腔医学引入四川盆地中的成都，并在华西坝建立据点，使成都成为中国口腔医学的摇篮。成都至今仍然执中国口腔医学之牛耳，而华西口腔一直处于中国口腔医学的翘楚，这同林则的功劳密不可分。林则的塑像静卧在华西口腔医院一处静谧的院落里，这是一种纪念，亦是一种象征。

在众多的中国西部城市中，成都成为一处非凡的所在，这是一种文化必然，还是一个偶然？这非常值得探究。自古以来成都文化就是一个有别于中原主流文化的支文化体系，这一点从三星堆和金沙出土的文物中可以非常明白地看出，但成都又是一个非常正宗的汉文化闪光点，这在司马相如的辞赋和诸葛亮的政论以及杜甫在成都留下的众多诗篇中亦是显而易见。有人说成都是道家文化的集大成者，这同中原流行的儒家文化有很大的不同，成都人非常崇尚自然，讲究休闲，精神上有一种无我无为的境界，这都是道家文化影响使然。

外面的人感到困惑，在落后的中国西部为什么会矗立着成都这座非常古老而又非常现代的文明大城？这不仅是因为建城 2300 年以来的成都一直水旱从人，沃野千里，物产丰富，还因为早在汉唐时期成都就是"扬一益二"的繁华所在，而且成都自古就是南方丝绸之路的起点，是茶马古道的起点，是一处商埠集散之地，是文人荟萃之所，更是中国西部最早接受西方文明浸染的古城之一。

华西坝占据了成都南门外一大片土地，1905 年英国、美国、加拿大三个国家的五个教会就在这里创办了华西协合大学，大批外国的学者、教授和医生来到成都，以华西坝为据点，修建了一大片中西结合的建筑群，并形成了华西坝独特的生活方式。这种生活方式既有成都生活的闲情逸致，又有西方人的浪漫和热情，二者结合得十分契合，简直就是天衣无缝。譬如早在二十世纪二三十年代华西坝就有了巨大的草皮足球场，华西坝的足球队亦是很有名气的。当年在整个亚洲还不知"本垒打"为何种术语时，华西坝的操场上有垒球比赛。华西坝的球场亦是当时亚洲最完美的球场之一，无论下多大的雨，良好的排水系统都能保证比赛的进行。在落后的中国西部，华西坝就是一处人文景观，它是一座灯塔，照亮了亚细亚中央帝国深山中一处古老的文明所在，成为成都人心目中的一个文化情结，它是一座丰碑。正因为华西坝，成都才闪耀着现代文明之光，以至于到今天华西坝仍是整个中国西部最大最先进的医学城，每天来这里就医的人真是摩肩接踵。华西坝有中国最大的医院——华西医院，有中国西南最大的妇儿医院和中国最有名的口腔医院，这是最为成都人称道的。

华西坝的建筑是成都的地标，它以钟楼为轴点，向北、向南、向东、向西依次排列着第一到第八教学楼，以及办公楼、图书馆和十几座外籍教师别墅。这种讲究方向感的建筑方式来源于北方，作为南方城市的成都修房造屋基本上是不讲方向和坐标的，在这里，房子可以随心所欲地搭建，只有北方的城市才在方位上十分考究。以钟楼为轴心的建筑有些已经毁损或被人为地拆除，但格局依然，主要的群落还完好，以至于华西坝同杜甫草堂、武侯祠等一起构成了几处文化盆景，点缀在成都的水泥丛林中，否则，成都将成为没有古迹可寻的历史文化名城。成都的城市建筑轴线本来是在蜀王城，明远楼被炸掉后轴点便不存在。煤山被挖掉后制高点也就不存在，如果以华西坝的钟楼作为整个成都的建筑轴点又显得不够气派，所以，现今的成都是一个没有城市建筑中轴的城市。

华西坝之于成都犹如牛津、剑桥之于伦敦，清华、北大之于北京。成都是文化之都，华西坝就是成都之都。它匠心独运的园林布局和建筑布局是中西文化结合最成功的典范，这使无数文人骚客大加赞赏。成都的老街坊大多市井味很浓，唯独华西坝自成一体，与市井相区别，彰显着大气。从它的外表你绝对看不出它的西洋味儿，因为在风格上它完全融入了所处的地域，只是在内部带有浓重的欧美意韵，妙就妙在这里。映入外人眼里的华西坝使人惊叹，它既有皇家园林的工整，又有西洋宫殿的庄重，且因它本身就是教会学校，它的建筑又有浓厚的宗教色彩，而关键在于它能够把这么多的元素调和得如此协调。

如果你在蒙蒙细雨之中驱车进入华西坝，一幅绿草清溪的画面便呈现在你眼帘，沿着通幽的路径走进深处，你会油然而生一种醉意。陈寅恪先生和学者吴宓都曾深情地叙写过坝上景致。1945 年 7 月 25 日，吴宓在赫斐院（现四川大学华西校区第四教学楼）与华大文学院院长罗中恕同阅考生考卷，之后，他又携卷子 23 本去广益大学舍

（现四川大学华西校区光明路宿舍区）陈寅恪家中读阅，事毕，沿着华西坝的通幽小径而归，一路之上，映入吴宓眼帘的正是细雨迷蒙、如墨如黛的画面。如此美景映入文人眼帘，并记录在案，终将成为一座文化之都的经典，并流芳千古。

华西协合大学最早的校址在"中园"一带，即今天的锦江之南，最初的图样是由英国建筑家弗列特·荣杜易设计。荣杜易入川前遍游了大江南北，考察了中国传统古典建筑，在华西坝创立了中西合璧的建筑群体。华西坝的建筑从风格到布局都独成一体，它既有中式的外观，又有西式的内容，再加上融中国古典园林和西方宫廷花园于一体，故成为成都唯一保存完好又大气磅礴的建筑博物群。

在建筑之初，也有人对华西坝的建筑提出过尖刻的批评，认为它不中不西，不土不洋，既不传统，又不现代，但经过百年的风雨验证，证明这是中国古典建筑风格和西洋建筑符号熔于一炉的最经典尝试。在中国古典外形的建筑里可以包容完全西化的室内装饰，大落地窗、壁炉、穹隆之顶……这令人叹为观止。华西坝建筑的整体风格就是如此，人们再难在世界上别的任何地方见到这种把不同风格包容于一体的房子，唯在华西坝能够见到。

二十世纪二三十年代的华西坝，一些穿着旗袍、对襟袄、长衫，挽着发髻的嬷嬷、小姐、太太或者女学生，也包括穿西装打领带的洋人与他们的中国弟子在那些雕梁画栋的房子前晒太阳，喝下午茶，用青冈木炭做燃料，代替烤炉烤着吐司。那时已开始养奶牛，牛奶是华西坝的奶房提供的。黄油是由猪油代替的，没有咖啡则由纯正的蒙山茶替代，当年四川也不产柠檬，最早的柠檬枝条也是由一个留学生从美国带回。这个留学生是安岳人，因而把柠檬枝条带回了老家。现在柠檬已种遍了四川安岳县的山山水水，连大爷和太婆也喜欢上了柠檬茶，这些变化早在二十世纪之初就已经悄悄地开始。

当年真正的成都市民是很难进入华西坝的，他们在同一时刻也在喝茶，喝的却是峨眉山或青城山茶场生产的茶叶，他们在市内的露天茶馆里含着叶子烟杆，谈论着华西坝的洋人生活。在他们看来，那些洋人的习性是多么可笑，几片面包也算是伙食，这哪里比得上吃回锅肉过瘾。从这些谈话中已可以看出中外交流的端倪，华西坝无疑是中西文化的碰撞点。

围绕着二广场，原先有十几座中西合璧的别墅，可惜现在剩下的已经不多，但从硕果仅存的 8 号别墅人们也不难看出建筑师的匠心独运。人们要记住那个叫荣杜易的英国人，成都人更应该对他充满感激，他为成都这个缺少地标建筑的城市留下了一个精彩的建筑博物群，而事实上知道这个英国人的成都人实在太少。甚至许多老成都人都没有去过华西坝，他们只是从那儿走过或听说过，他们并不知道在自己的城市里还有如此精彩的所在。

1894 年，由美国圣公会创办的上海圣约翰大学进行翻建工程，由西方人设计的怀施堂开始运用中外合璧的建筑式样，北京的协和医院及燕京大学等教会学校相继效仿，在成都修建华西协合大学时，这成了一种风气。校园规划采取了国际招标的形式，荣杜易是以他大胆创新的建筑思想而中标的。他来到中国，同他的兄弟飘洋过海在天津上岸，一路进京，然后来到成都，沿途无数的古典建筑给了他很大的启发，他怀揣着一张杰出的设计图，这就是今天的华西坝，简直就是一首建筑史上的凝固之诗。荣杜易为华西坝设计了事务所、生物楼、图书馆、广益大学舍、协合中学大礼堂以及钟楼等几幢主要建筑。他以钟楼为原点，向南向北延伸为中轴线，主要建筑皆在东西向铺开，形成了大约为品字形的错落有致的格局。设计完成后，这位英国建筑师再也没有踏上过中国的土地。荣杜易离开后，后续工程便由加拿大人苏木匠来负责。华西坝许多建筑的具体修建其实是出自苏木匠之手。苏木匠的本名叫苏维廉，由于他酷爱体育运动，所以华西坝的体育场修得特别棒。苏的哥哥曾是加国驻华大使，他本人的巨大贡献在于那些辉煌的校舍，一个外国人可以把中西建筑的不同风格理解得如此精到，又将他们如此天衣无缝地融于一体，这不能不说是一个奇迹。逝者如斯，建筑家不管是荣杜易还是苏维廉都已经作古，但那些建筑还在，它见证了一百年来这座城市和这所大学的风风雨雨，并演出了一出历史的大戏。

到1949年，华西坝上主要建筑增至29幢。从1907年兴建之始，到2018年的今天，它们经历了波澜诡谲的历史风浪，但这些建筑大都保存完好，这不能不说又是一个奇迹。成都至今成规模保存的古建筑群落也只有华西坝而已，但也不是完好无损，当年在建人民南路时将华西坝一劈两半，巨大的二广场被逢中破开，一幅最有诗韵的水墨画被撕破了。

当年修人民南路据说是李劼人的建议，从"皇城"开始，过锦江，劈开了华西坝一直到跳伞塔，修了一条至今都不过时的成都主干道。这条大道后来又从跳伞塔往南延伸到华阳，到天府新区，并且还在延伸。这是成都的通衢大道，亦是景观大道，但当年修建时遭到厄运的还有华西坝的十大美景，像"钟楼映月""三台点兵""孤岛天堂""对牛弹琴""柳塘压雪"等景致再也不复存在，这真是令人扼腕长叹。华西坝最为著名的"小森林"也仅剩一小片灌木丛。过去小森林覆盖了整个华西中坝和后坝，从锦江河边一直蔓延到一环路，又从万里桥扯到新南门，如今却早已被水泥丛林侵占，人们像蚂蚁一般从那些蚁巢中流进流出，华西坝的诗情画意早已无觅处也。

华西坝是成都人的精神家园，是知识分子的归宿，是倦鸟的密林，是出门觅食的鸡群的归埘。华西坝的学子就算走到天涯海角也要归来，这里是坝上情人的初恋，荷花池后面的那片密林承载过多少情人的初吻。钟楼轻扬的钟声曾在多少人心中回荡。

钟楼1925年由美国纽约柯里氏捐建，建成时是一座欧洲风格的哥特式建筑，其大钟也是由美国铸造。1954年对钟楼塔基以上部位进行了改建，变得更有中国风味。特别是它的飞檐塔顶，具有中国宫廷建筑的敦厚。钟楼是华西坝建筑的精华，是一座纪念式建筑，它不仅是华西坝的标志，亦是成都的标志。当年华西坝的钟声可以从南门传

壹　成都记忆是一条长河

到北门，城里的人就是根据华西坝的钟声来过日子的。现在那架老钟已老得走不动了，完全成了一个摆设。

## 二、华西坝的似水流年

华西坝分前坝、中坝和后坝。前坝一直抵达锦江河边，为宿舍区，中坝大抵就是现在的四川大学华西校区的范围，而后坝则包括四川教育学院的区域及附近的许多飞地，一直牵扯到一环路以外。这里先前为农业区，其中最为著名的就是中草药植物园。历史上因华西坝的范围太大，飞地太多，因而不断被别的单位蚕食，以至于派生出许多新的单位。有些单位已在华西坝某处空地上修楼造屋了，校方还不知道，到了今天，不下十家单位占据了华西坝的地盘立足，但华西坝依然以校园宽广令人称奇。

比陈寅恪、吴宓晚一辈的川籍学者唐振常在一篇回忆文章中有这样的描述："过万里桥，左转，前行，即是当年全国校地之大，校园之美无出其右的著名华西坝。"唐先生没有说错，哪怕在今天华西坝依然美不胜收。口腔医学专家吴延椿回忆起当年的华西坝禁不住诗意澎湃："钟楼高耸，小桥流水，一池碧荷，丛丛翠竹。楼宇间木锦为篱，蔷薇满架，花圃片片，百卉争艳。几多水田，阡陌农舍，春末菜花金黄，秋至稻谷飘香……"那时过了锦江就是城外，华西坝就建在一片农田之中，现在再想看见农田，需到三环、四环，甚至五环之外去了。

华西坝声名远播，海内外无数的名流学子回忆起华西坝无不心向往之。华西坝的校友遍及世界各地，他们把华西坝的故事带到了遥远的他乡。抗战时，多所北方的大学内迁至此，一时坝上名人聚集，路上可以撞见许多当时的大名人：吴宓、陈寅恪、马悦然、蒙文通、吕叔湘、李约琴、文幼章、冯友兰、张大千、顾颉刚等，无数的大师都在坝上活动。当时重庆的沙坪坝，昆明的下坝、宜宾的李庄和成都的华西坝都是北方各校内迁之所，但华西坝尤其名噪一时。当时最时髦的是 Jeep girl（吉普女郎），她们坐在美国大兵的吉普车上在坝上兜风。成都的新津正在修建机场，美国飞虎队的战机从新津机场起飞进行了对东京的轰炸，所以在内陆的成都亦有很多盟军在活动。当轰炸机飞临日本上空并投下炸弹，日本人才大梦初醒，他们没有料到这些飞机是从成都的新津机场起飞的，于是赶紧去查地图，但上面并无新津机场的位置。这座机场修建时成都人扶老携幼前去支援，成都就是当年抗战的大后方。著名的驼峰航线也以这里为起点，大量的战略物资运到成都，然后再运往前线。成都当年就是一座国际化的城市。华西坝作为交际花、学者、名媛、国际名人、文人和社会贤达聚会的场所，几乎每天都有派对、讲座和舞会。二十世纪三四十年代的成都更有国际范儿。

　　1946 年，缪钺先生来到成都，那时节，华西坝广益学舍的梅花正在怒放，多年之后，梅花的图案仍然映在缪先生的脑海。1985 年，当他重回广益，追忆往事时，写下了一首灵秀内敛的诗篇。吴宓也曾回到华西坝献诗，陈寅恪写华西坝的诗更是一首接着一首。1945 年 8 月，抗战胜利，已经目盲的陈寅恪聆听着华西坝的渺渺钟声，不禁发出"破碎山河迎胜利，残余岁月送凄凉"的无限感慨。这年 9 月 13 日，陈寅恪离开成都前往英国治疗眼疾，这位与梁启超、王国维并称清华国学三巨头，被时人称为"教授中的教授"和"学人魂"的盲翁流寓成都华西坝一年零十一个月，在这里他眼疾恶化以至目盲，华西坝是他眼中最后的清晰世界。那还是在 1944 年岁末的一天，正在家中的他忽觉眼前一黑，周遭的景物顷刻间离他而去，陈寅恪的左眼被诊断为视网膜脱落，经手术也未能将之黏合。当时陈寅恪就诊的存仁医院是中国乃至东亚最好的眼科医院之一，给他施治手术的陈耀真医生是成都最好的眼科医生。陈先生的小女儿美延在广益学舍放养着一头跛足的奶羊，她盼着挤出奶来给家人增添营养。当年的华西坝出产上好的牛奶，华大农业组圈养着高品质的奶牛、奶羊，宋美龄授意在华西坝建立奶牛场。但即使领取双份工资，陈寅恪先生也感到生活困难而无钱购买牛奶。

1904 年，代表各自教会组织的美国人陶维新、毕启以及加拿大人启尔德等，在成都商议创办一所高等学校，其办校的宗旨是要在落后的中国西部点燃一支现代文明的火炬，让黑暗中的人们跟着火炬走向光明。当时的中国还处于封闭状态，地处内陆的成都更是封闭得水桶一般，在这种地方开办一所大学要具有相当的勇气和智慧，毕竟，中国内陆还处于文盲和半文盲状态，哪怕在成都这样的历史文化名城，识字的人也不多，要对他们实行高等教育，谈何容易？当年中国的教育还是师父带徒弟的方式，人们对西方的大学教育简直闻所未闻。何况当时人们普遍贫穷，能够上学甚至能够接受高等教育的人少之又少，在华西大学读书的多是富裕家庭的子女，他们家中不是殷实的地主，就是有钱的商人，特别是到了抗战时期，成都与别地一样物价飞涨，生活艰苦。抗战前华大的口腔医学毕业生一个月可以挣 70 个银圆，当时的一石米才 1 个银圆，一个毕业生就可以养活 10 多口人，收入十分可观。但抗战时物资匮乏，人们入不敷出，一个教授也养不活一个家庭，华西坝上无数的名流显客过的都是清贫的生活，普通市民的生活就更加苦寒，大学也门庭冷落。

20 世纪之初中国是封闭的，成都就更加闭塞，英美早已完成了工业革命，而成都人还不知道地球是圆的，就是在这种情形下，洋人开始行动了。陶维新等人将目光锁定在城南这片满是坟岗、荒草、稻田的土地上，这里曾是一大片梅林。宋朝大诗人陆游曾写道：

当年走马锦城西，
曾为梅花醉似泥。
二十里中香不断，
青羊宫到浣花溪。

成都城南东起合江亭，西至华西坝的南台寺之西有大片梅林。锦江之水从中穿过，可渔可船。那时城墙还在，站在城墙上整个华西坝尽收眼底。成都城墙是除西安之外中国西部第二高大的城墙，但再高大也抵挡不了人们的挖掘。当年为了用黄泥巴打战备砖，蚂蚁一般的人群爬上城墙，那时没有什么大型的挖掘工具，主要靠实行人海战术，在人们的口号声中，一筐筐的黄土被运往城市的各个角落打成黄泥砖。高大的城墙根本经不住如此这般的折腾，热情高涨的狂热人群几乎一夜之间就把城墙挖垮了。

当年成都人的生活节奏十分缓慢，茶客们坐在河边的茶楼要一碗茶，等渔人在河里打了鱼用几个小钱买回家熬汤。那时打鱼都用鱼鹰，渔人把鱼鹰赶下水去，自己便坐在船头亮开喉咙唱戏文，河中的鱼很多，渔人一天随便弄几条鱼就可以混生活。这就是当年南台寺一带河边的图景，河边是巨大的榕树，华盖如伞，张船山所绘的《南台寺饮酒图》可以为证。乾隆三十七年（1772 年），火药爆炸，河边的木质房屋被炸得飞上高空，摔进河中，南台寺顷刻之间消失在历史的记忆之中。

上面这段文字主要旨在说明北临锦江、南靠南台寺的这一段河坝不仅风水很好，而且开阔平坦，是修建大学的绝佳之处。现在的华西坝在一环路之内，已处在城市的中心地带，但在当年却处于城外。当年成都城只限于城墙之内，城墙外便是郊区，所以选这么一个坝子建校，远离了喧嚣和闹市，宁静安详，是读书的好去处。当年办学者看中华西坝并将其选为华西协合大学的校址，正是看中了她的风水和文化品位。历史将一个大营盘建造的重任交给一位叫荣杜易的英国人来操刀，他使用的建筑符号虽仍是最中国式的，但他设计的建筑与中国传统建筑既似又不似。

二十世纪八十年代，英国首相希思访问华西坝，希思站在华大办公楼前，他举目四望，真是沧海桑田。这座楼就是荣杜易设计的著名建筑，以前叫事务所，又名怀德堂，由美国纽约的罗恩甫捐建于 1919

年。图书馆、钟楼和事务所代表了华西坝建筑的经典。事务所的建筑飞檐交错，钩心斗角，陡峭的瓦顶斜坡，屋顶上装饰着各种走兽，门坊上油漆重彩，乍看这就是中国古典的园林建筑，但稍加仔细就会发现屋顶有烟囱，并非排除灶房之烟，而是供西洋壁炉之用。环顾四周，是宽大的半落地窗，以体现开放自信的追求，当然，也是为了采光之便。正门两旁各立四根粗大的红色圆柱，这仿佛有着中国皇宫的风仪，庄重而又威严。

原来希思是受人之托，专程为了华西坝的老建筑而来，委托之人正是该楼的设计者荣杜易的孙子。当初荣杜易在设计中采用了当时的技术——倒拱形结构，但效果如何一直被他牵挂着，孙子了解外祖父的心情，遂托希思前往华西坝探个究竟。近百年的风雨历程，建筑依然完好，青砖、黑瓦和红砖石构筑的华西坝建筑能够经受时光的考验。

与事务所遥相对望的老图书馆也很别致，坐落于华西坝小校门进门西侧，由美国人赖梦德氏捐建于 1926 年。另一幢建筑叫广益大学舍，又名雅德堂，英国公谊会捐建于 1925 年，现为华西幼儿园。赫斐院，又名合德堂，加拿大英美会为纪念赫斐氏捐建于 1920 年，现坐落于华西坝大门进口右侧。这些建筑的统一风格都是中西合璧，它们既保留了中式建筑的敦厚古朴，又溶进了西洋建筑的宽大开放，正是因为有它的辉煌，成都这座文明的古都才闪耀着光芒。

# 成都风味的流芳岁月

# 世界美食聚于成都

　　人生的幸福感大多来源于美食、美景、美女、美音和美文，以及美体（发达的躯体和美妙的体育）等。其实，人的一生中要将这么多的美妙集于一身几乎不可能。一切都可以放弃，唯有美食是必不可少的，所谓民以食为天，这是人生的最底线。

　　一个人一生中若没有吃过几顿好饭，那是多么可悲的事情。

　　成都人之所以自恋、自豪和自我欣赏，这与成都拥有世界上最繁复、最庞大、最精妙和最厚重的川菜体系分不开。有些成都人一辈子也没有离开过这个城市，但他们仍然幸福无比，这是因为他们的舌头整天被美食缠绕，根本无暇顾及异地、异国的幸福冲击。成都人哪怕走到天涯海角，都回味着餐桌上的那一盘泡菜和那一碗回锅肉。

　　成都人从外地出差回来的第一件事就是冲进火锅店去嗨一盘九尺鹅肠和千层毛肚，啜一杯美酒，然后心满意足地打着饱嗝，深有感慨地说还是我们成都好！成都美食冠于天下，这是世间公认的。最值得成都人骄傲的除了吃还是吃。有美女陪着你吃，有美景烘托着你吃，有美妙的川剧、清音伴着你吃，还有川西坝子丰富的出产等着你吃，这人生的享受就极乐、极尽、极致了！

　　成都之所以是一座来了就不想走的城市，是因为有那么多的美食馋得你走不动。每一家馆子都有镇堂之菜，哪怕是一家农家乐、苍蝇馆子都有他的绝活。一条街上有数十家、上百家餐馆，一个区、一个县也有拿得出手的美味和吃法，你想尝够了再离开，但你一辈子都尝不尽。老派的川菜还没有尝尽，新派的川菜、公馆菜、私房菜或王婆婆、李大娘、张老头的独创菜又端了上来。甚至老成都每一家居民都可以露几手拿手菜。同一种菜也是千人千法，可以弄出令人意想不到的机趣，这就是成都——一座处于亚细亚群山深处一块盆地水网地带的城市。

川菜的妙处在于所需要的原料并不复杂，也不稀奇。川菜中名菜所用的原料大多是些边角余料，譬如夫妻肺片中的肺片，麻婆豆腐中的豆腐，九尺鹅肠中的鹅肠都不是什么珍肴，包括回锅肉中的五花肉，也不是什么奇珍异料，但经过川菜大师的烹饪，可以变成享誉世界的名菜，这其中的奥妙就在于佐料、气候、水土、文化底蕴，乃至风土人情、美学原理，甚至包括师傅烹饪时的心情和食客的心理、味觉、口味习惯……说起来不复杂，其实很复杂。这就叫举起来千斤，放下来二两，全靠调教得当。

说到川菜中的佐料，这是重中之重。其中的妙处只能意会不能言传。这一点不仅外国人弄不懂，连中国其他地域的人也不一定弄得懂。譬如炒一盘回锅肉要用郫县的豆瓣、唐场的豆腐乳、成都的太和豆豉、临江寺的香油豆瓣、温江的蒜苗、汉源的花椒、私家秘制的醪糟、犀浦酱油……这么多的佐料并不是胡乱搭配在一起，而是讲究时间顺序，量的多少，乃至菜油的新鲜程度、熬肉的火候等，一盘菜端出来完全是一道艺术品的展现。

记得我小时候经常对外婆许愿，等长大了挣了钱一定要带外婆去嗨一顿芙蓉餐厅的包席，在饭都吃不饱的年代，这是一种奢望。可惜还没有等到我挣钱，外婆就走了，留下了我一生中最大的遗憾。

朋友刚才从中亚回来，说在那里想要找到一家像样的餐馆比登天还难，人们都是踩着饭点去餐厅进餐，过时不候。当他们听说有一座叫成都的城市，一条街上餐馆茶馆比比皆是，他们打死都不相信。在国外，特别是北方的国家，饮食大多简单，吃饭就是吃饭，并非享受。成都人把吃饭当成人生的第一大要务，一个个都把舌头练得很尖，成都人的嘴巴是最不好打整的，任何细节都能被他们吃出来。

哪怕是国人，也并非每个人都有烹饪的绝技，也并非每个地方都能形成庞大深厚的美食文化体系。成都能够为人类贡献出"川菜"这一文化精品是川人几千年来孜孜以求和竭尽智慧的结晶。从喜马拉雅小镇到纽约的摩天大厦，如今在世界任何角落都可以闻到回锅肉和麻婆豆腐的香气。笔者曾在马来西亚的马六甲小城一条僻静的小巷中啖过一盘"夫妻肺片"，老板是一个华侨，专门来成都学过这一川菜的做法，尽管手艺还不地道，但他的小店仅因这一名菜而出名，每天都有人开着汽车从马来西亚各地，甚至从新加坡赶来品尝。

许多外国人知道成都是通过川菜和熊猫，他们知道在中国内地一处四面是山的盆地水网地带矗立着一座大城，她用她的美食养育了上千万的城民，她吸引了成千上万的外国人来到这里进行世界上最奇妙的味觉品尝活动。世界的设计之都是德国的柏林和阿根廷的布宜诺斯艾利斯以及加拿大的蒙特利尔，还有日本的名古屋、神户，中国的深圳；民间艺术之都则是美国的圣达菲；媒体艺术之都有法国的里昂；文学之都是英国的爱丁堡、澳大利亚的墨尔本和美国的爱荷华；音乐之都有意大利的博洛尼亚、西班牙的塞维利亚等。人们在找寻世界的美食之都，终于，联合国教科文组织正式授予成都这一称号。

据说每一种殊荣的获得都有严格的国际标准，美食之都的标准有八条，这八条成都恰恰都具有。

第一条，在城市中心地区有高度发达的美食行业。成都的美食行业不仅在城市中心地带，甚至在郊县美食行业都极其发达。成都光是火锅店就有上万家，另有4万多家餐馆，这当然还不算为数众多的"苍蝇馆子"，每天光是面馆就有上百家在开张，当然关门歇业的也不少，这大多是因为味道不行，只要味道巴适，任随你在旮旮旯旯都有人找得到。媒体上的美食节目大受欢迎，好些人靠直播吃饭发了财出了名。哪里有什么好吃的，成都人就会奔走相告，不惜开着汽车不远几十公里，甚至上百公里前去品尝。这是一种生活态度，世界上恐怕没有哪一座城市的人像成都人这么好吃，这才造就了成都发达的餐饮业。如今成都的国际航线四通八达，许多外国人坐着飞机到成都来大快朵颐，成百上千的餐馆人满为患，开着流水席，餐饮业从来就是成都生产总值增长的生力军。

第二条，拥有活动积极的美食机构、大量传统餐厅和厨师。如今的成都不仅有名的川菜馆如雨后春笋，连外国的美食，如法国菜馆、意大利菜馆或印度菜馆也接踵而至。韩国料理和日本料理开得遍城都是，如今吃泰国菜又成了成都人的时尚，吃汉堡和比萨同吃卤肉夹锅魁一样方便。成都不仅有专业的烹饪学院，还有大量的专业厨师，就连王婆婆或张大娘的私房菜也十分精妙，城市周边成千上万的农家乐都烧好了各种美味等待着客人。在成都有无数条美食街，你一家一家吃下去一辈子也吃不完，因为还没有等你吃一遍，无数家新馆子又开张了。成都每年接待2亿以上的游客，所以有人说成都的生产总值是吃出来的。

第三条，拥有本国特有的传统烹饪配料。这一点更加明显。不管是夫妻肺片，还是麻婆豆腐，也不论是火锅，还是回锅肉，所用的佐料诸如郫县豆瓣或太和豆豉、甜酱、花椒、腐乳、泡菜、醪糟……每一种都是四川所特有，每一种名菜离开了这些配料就会顿失特色。从某种意义上说，吃川菜就是吃佐料，吃火候，吃秘制方法，吃厨师的智慧、心情、创意和文化根基，一道名菜的制作千人千法，几千年来经过不断的演变，才会精深、纯厚，值得回味和流芳。

外国人所谓的快餐，一道炸鸡，全世界一种做法，一种口味，用同一种部位的材料，加相同的佐料，烤一样的时间，这完全是工业化的流水作业，所以连吃三顿就味同嚼蜡。反过来吃回锅肉，可以用蒜苗炒，可以用小尖椒，可以用盐菜……各种做法千奇百怪，肉煮得嫩一点或老一点，熬的时间久一点或短一点，加的是郫县豆瓣还是唐场豆腐乳，味道变化实在太大。甚至用肉的部位不同亦可以做成连山回锅肉或精品回锅肉或家常回锅肉……这里面的学问简直深不可测。川菜的魅力、张力、吸引力就在于此！再配上名目繁多且口感更多的川酒，配上文化底蕴丰厚的川茶，成都是一座浸泡在琼浆中的城市。任何人一生中没有来过成都这座美食之都那是多么大的损失。加上成都周边 172 处美景和人文遗产，加上成都街上一群群的美女，加上成都平原水旱从人，冬无严寒，夏无酷暑的暖湿气候和沃野千里的丰富物产，成都真正是一座来了就不想走的城市。

此生应做成都客，这不仅是诸葛亮、杜甫、薛涛、李劼人的经历，亦是成千上万具有浪漫情怀的人们的共同梦想。

那八条标准的其余几条是拥有工业时代科技进步下依然留存的当地烹饪诀窍、方式和方法；拥有传统食品市场和食品产业；举办过美食节、烹饪比赛等相关奖项活动；尊重当地传统产品的生产氛围，注重促进其可持续发展；注重提高公众对传统美食的关注程度，在烹饪学校推广关于传统烹饪和保持烹饪方式多样性的课程。

上面的这几条不必细述，"吃文化"是世界上最大的产业，作为世界吃都的成都光靠吃和耍就足以享誉世界。印度的班加罗尔靠软件业称霸，美国的纽约和英国的伦敦有金融业，法国巴黎靠着香水和红酒也能声名远播，中国的成都是让人味觉兴奋的城市，她不仅是熊猫的故乡，还是川菜的王国。

我的朋友从加拿大打来电话，说他刚出国半年就受不了，一想起家乡的泡菜和担担面不仅口水流了出来，连眼泪都流了出来。回锅肉哪里只是一道菜，那是一种乡愁，一种对母亲的依恋，一种从味觉神经传导到中枢神经的激情和渴望，他要赶紧买一张飞机票回来，一下飞机就直奔火锅店，要放开了肚子狂啖一盘火锅，要吃一大份泡菜，还要喝下一整瓶川酒！与他同来的还有一大批加拿大人，他们同他一样向往亚细亚腹地深处的这座城市，这是一座美食聚集的都城，这里琼浆流觞，豪宴开席，甚至在一万米的高空就可以闻到香气，在万里之外的异国也能感受到美味。

# 川菜与移民文化

　　明清之前并没有关于川菜的记录，虽然民间有一些私房的菜谱，但川菜还不是一个体系，只是一些味道奇特的民间吃法。1733 年红苕被客家人带入四川；更早，土豆从西域传入中原，又传入四川；之后辣椒也被引入……一样一样植物的传入是川菜兴盛的基础。四川人最爱吃的辣椒原产并不在四川，至今最辣的辣椒产地也不在四川。据说辣椒的原产地在墨西哥，四川人要吃这种辣椒需从外地进口，但川菜却是离不得辣椒和花椒的。

　　川菜是世界上最庞大的饮食文化体系。世界上哪里没有川菜馆？从喜马拉雅山中的小镇到太平洋上的岛国，川菜无所不在，这是世界上最壮观最普及亦是最受欢迎的饮食文化。古代，茶是中国的代名词，丝绸是中国的代名词，指南针是中国的代名词，瓷器是中国的代名词，现今，回锅肉和麻婆豆腐也成了中国的代名词。

　　成都人总说成都有 2300 年的历史，这种说法并不完全正确，成都历史上有两次屠城的经历，一次是在元代，一次是在明末清初的张献忠剿四川，这两次屠城使成都几乎成了空城，其间有多达几十年的断代，今天的成都是在清代重建的，而并非那座秦朝时张仪所修的龟城。秦惠王二十七年（前 310 年）筑成都城，至元代已毁。到了张献忠剿四川，成都元气大伤，吴三桂又遣将领王藩屏入川拨乱，将四川蹂躏了 6 年之久，成都十室九空，川民"皮穿髓竭"，连虎狼野兽也趁机行凶，剩下的少数居民也都在死亡线上挣扎，大批居民移民到川边各地躲避官兵杀戮。历史上成都一次又一次遭到灭城与毁城之灾，却总能一次又一次兴盛起来，这主要是因为川西平原有沃野千里的肥田沃土，有都江堰千年不衰的灌溉之便，更重要的是有一潮又一潮的移民大迁徙。

川菜其实就是移民文化的结晶，没有移民就形成不了庞大的川菜体系。早在清朝的道光咸丰时期，四川人口就暴增到全国第一。从正兴园开始，外来移民的口味与满人的菜式融合起来，川菜便正式登场。

成都的移民主要来自两个方向：北边的川陕之路和东边的长江之路。我们不妨从这两路人的入川对四川人口味的影响来看移民对川菜形成的影响。沿江而上的人来自湖北的麻城，这就是湖广填四川的一路。川菜重辣，其实是湖北人习惯的流传，川菜中有许多菜放糖，这其实是广东人口味的嫁接。北边陕民的入川和北方人的南下带来了繁多的面食制作方法，同本地的饮食习性一综合就成了特色小吃。成都名小吃中最成功、数量最多的就是面食。什么担担面、渣渣面、甜水面、韩包子、钟水饺、龙抄手、椒盐锅盔……花样之多、手法之奇、制作之精、口味之杂、内容之妙堪称川味中的经典。火锅也不是成都的原产，最早的火锅原产于北方寒冷地带，只不过是简单地涮一涮羊肉、牛肉之类的吃法，后来被下江人下了猛料以及烫一烫便宜的猪下水、牛心肺之类，但是一传入蓉城便上了大雅之堂，并发展得五花八门。

吃了毛血旺又吃九尺鹅肠、鱼火锅、烧鸡公、山珍、鳝鱼……吃得千奇百怪，以至于店铺林立。在成都最多的就是茶馆和火锅店，喝茶、吃火锅，加上搓麻将，这成了成都人生活的三大爱好。

美食、美女和美景是提升人类生活幸福指数的三大法宝，这三样成都一样不少。成都物产丰富，这是成都人吃的基础，成都人会吃是因为成都有吃的文化传统，成都人能吃是因为他们是移民的后代，食性杂。成都人的嘴巴是最不容易打发的，他们摆着老龙门阵，品着茶，呷着小酒，啖着肉，嘴是成都人最不空闲的器官。大节大吃、小节小吃、无节也吃，请客的理由比比皆是，享受川菜是一种交友手段和一种团结伎俩，一剂心理调节剂和一味迷幻药，成都人一天不吃回锅肉就喊痨得慌，三天不下馆子走路都要打偏偏。回锅肉和泡菜是成都人一生的情结，哪怕走到天涯海角忘不了的还是川味。人的味觉记忆基本上在五岁前就已形成，之后漫长的岁月将不断重复这种记忆，这就是思乡情结。我们为什么总是记得外婆，甚至于连记忆中外婆的模样都已变得模糊，但我们的味觉记忆却永远不会消失，这是外婆烙刻在我们记忆深处的印迹，它刻在我们每一个器官，深入了骨髓，所以，永远挥之不去。

川菜以麻辣为特色这主要是因为地理环境。不管是北方来的移民还是湖广来的移民到了成都平原不吃麻辣的饮食肯定受不了。成都平原周边是大山，盆地中终年阴云密布，特别到了冬天阳光很少普照，阴冷雾浓，夏天则潮湿难耐，所以饮食以麻辣为宜，冬天可以除湿驱寒，夏天则可以发汗。

# 名人的川菜

　　成都自古以来宜于人居，她不但拥有深厚的人文地理背景，冬无严寒，夏无酷暑，水旱从人，既丽且崇，更为重要的是她有享誉世界的川菜文化体系，此体系经过无数名流贤达的推举，不断得到彰显。巴蜀文化的精髓在于川酒、川菜、川戏、川茶、蜀绣、蜀方言……在这诸多方面，川菜是纲，其余是目，纲举目张，一荣俱荣，一损俱损。

　　自湖广填四川以来，川菜就得到不断的发展和充实。二十世纪四十年代，战区许多大学和学术机构内迁，成都集中了中国最优秀的知识分子群体，历史上再次大移民的浪潮出现在这一时期，成都掀起了"公馆"文化热潮。大批文人、寓公、军政首脑在成都兴建公馆，中国四大菜系的名厨均受聘于内迁的公馆主人，促进了川菜的大吸收、大包融。许多川菜的名菜多由文化名人和公馆主人创意，名厨按照特殊工艺制作的程序制作，一菜一格，对菜品反复研究，务求新、奇、秘、鲜、绝，他人不能烹调和仿制，乃独家经典。

　　旧时成都公馆请客都以秘制菜肴作为家宴招牌，这些菜做工精良，常需数日筹措和秘不告人的制作程序才能成菜，因而公馆菜中一些菜品堪称绝唱，那些精美绝伦的菜品很少流传于民间，庶民百姓难以问津，岁月流逝，一些弥足珍贵的川菜珍品几近失传。

　　四川近代史上的风云人物，诸如刘湘、刘文辉、邓锡侯、潘文华等川军将领，也包括巴蜀怪才刘师亮、著名作家李劼人以及努力餐的创办人车耀先等，对川菜的贡献都很大。譬如"醪糟红烧肉"就是旧时成都多子巷刘湘公馆宴客的一道别具风味的名菜。刘公馆每次宴客，席桌上均要备两份醪糟红烧肉，以满足座上宾客。刘湘当时被人称为四川王，来往宾客均为军政大员，对此菜十分赞赏，各家公馆纷纷仿制，本品就显得十分珍贵。时人皆知此菜出自刘府，称为"刘府醪糟红烧肉"，表示对刘湘的尊敬，亦有不敢擅自将此菜品据为己有之意。醪糟红烧肉是菜中绝品，肥而不腻，据说要炖制一个昼夜，并用醪糟浸泡，但肉并不会失型，也不会夹不起来，入口即化，没有残渣，只留肉香，回味良久。这道菜因了刘湘而声名远播，这是最好的广告效应。

1930年，李劼人不满军阀的蛮横统治，辞去成都大学教授一职后，开了一家名叫"小雅"的菜馆，其设计的豆豉葱烧鱼就曾是小雅菜馆的名菜之一。这家馆子地处成都的指挥街，李劼人夫妻二人和子女任厨师及招待，其经营的面点和几样地方家常味便菜，都是时令蔬菜而非什么珍稀品，每周更换一次，种类有三四十种之多，物美价廉，当时成都文化界教育界人士多来此品味。成都大学的教授们及文化界名流每月30日约定在小雅聚会，打平伙，这就是那个年代的AA制。每到此时总是由李劼人主厨，大伙叫他大师傅。记者濮冠云为之撰联："虽非调和鼎鼐事，却是当炉文雅人。"

李劼人开菜馆是一种生活所迫，亦是一种宣言，这表明在那个时代文人的无奈。"小雅"就是当时成都的文艺沙龙，李劼人毕竟在法国留过学，对西方文明了熟于胸。当时无数的社会名流贤达乃至市民都汇聚于此，品着川菜，谈论着时事，这在封闭落后的内陆成都十分抢眼。

李劼人1891年6月20日出生于成都，15岁时其父亲就病逝，母亲因腿疾不能行走，家里杂事包括做家务、照顾长辈等全由他承担，所以李劼人从小就练就了一套烹饪的好手艺。难怪作家沙汀写道："观摩有术，从选料、持刀、调味以及下锅用铲的分寸火候，均操练甚熟。"蜀中文人大多会吃会做，李劼人不仅善吃善做，还善于总结和比较，他在留学法国的4年又10个月里，兼任同学们的厨师长，当做熏肉找不到花生壳时，他竟到外国人家那里去买花生，难怪他后来在成为一代文学巨匠的同时还成了川菜大师。

二十世纪四十年代，红照壁已经是成都繁华宽阔的街道，同陕西街一样拥有许多显赫的公馆。红照壁亦是成都近代餐饮业的发祥地，这里汇聚了成都众多的饮食店，也是食客们最爱光顾的"口福"之地。其中一家是离红照壁不远的南大街上的"利宾筵"，利宾筵的卤菜远近闻名，被许多文人写进了书中。这家店直到二十世纪七十年代都还存在，笔者总爱光顾于此，为的就是啃一口这里卤的鸭脚板。一盘鸭脚板或两个兔脑壳可以啃一下午，就着一杯跟斗酒，那真是一种人生的享受。不知有多少成都文人来此嚼过食，此店名声因此不胫而走，乃至于到了今天许多外地名人还要慕名来此寻访，看有没有利宾筵的卤菜摆出来。说到利宾筵，它的腌卤是最出名的，特别是灯影牛肉最为著名，将油亮的牛肉片夹了，对着灯光，果真可以照见人影。我不知道大师傅怎么可能把牛肉片得如此之薄又不走形。关于利宾筵，后面的街道篇中还有述及，这里就不重复。

还有一家老店在万里桥（老南门大桥）西，叫"枕江楼"。万里桥被拆除修建立交桥时，桥基座下挖出许多木桥的木桩。当年诸葛亮遣使费祎出使东吴时说："万里之行从此始"，因而此桥得名。据说1938年鸳鸯蝴蝶派的代表作家张恨水在枕江楼大宴宾客，并作诗一首使这家餐馆有了名气。二十世纪二三十年代万里桥西的著名餐馆枕江楼就是依河而建，柳枝拂栏，碧波拍堤，是最有成都风味的所在。旧时成都的名店不仅讲究菜品，也讲究环境。许多名店的环境就是一处小园艺，客人们进餐前都要先品茗，高谈阔论，成都人大多都有高论，所以才有那么多的茶馆，专为发表这些高论而开设。餐馆亦是发表高论的场所，谈饿了才吃得香，进食美味前先得用茶水清理肠道，用高论清空胃，并且眼睛也不能闲着，要有美景滋润。成都人受道家文化的影响很深，崇尚自然，最美的景色都很自然，矫揉造作何为美？所以当年的枕江楼留给人们的记忆，除了美味还有万里桥边的美景是也。1938年鸳鸯蝴蝶派的代表作家张恨水在此与记者们小聚，作诗道：

江流呜咽水迢迢，

惆怅栏前万里桥。

今放鸡鸣应有楼，

晓风残月百门潮。

枕江楼因此名噪一时。但这么一座承载着如此厚重的文化底蕴的桥仍然免不掉被拆除的命运！

二十世纪四十年代，成都当时的名人如林山腴、谢无量、张大千、杨啸谷、严谷生、陶亮生等都要定期举行酒会，其中许多人都是美食家，甚至其中的林山腴和张大千不仅会吃还善于烹饪。当时的名厨罗国荣所开的"颐之时"餐馆就是这些名人的聚会场所，林山腴和严谷声也经常在家中举行家宴，成都许多名菜就是从这些公馆中流传出来的。其中清寂堂林山腴的家宴最为有名，成都的五老七贤多会光顾，林山翁在爵版街的宅第更是小桥流水，满堂生辉，文人们不仅饮宴，还要赋诗，清寂堂中流传出来的许多名篇至今仍在成都坊间传唱。说起成都是一座文化底蕴丰厚的城市，几千年来无数文人墨客留下的大量诗词歌赋就是见证，而这些创作大多都是酒后茶余的即兴创作，这种古风代代流传，至今成都的文人仍在继承。譬如成都北书院街每周六都有被叫作"八幅颜色"的八个文人聚茶，每每清茶洗胃之后就会去打一盘牙祭，成都坊间许多著名的段子都是"八幅颜色"的即兴创作。这种圈子文化并不只限于此，成都有无数这样的文化沙龙，才使得这座城市文艺繁荣。

车辐，被称为"老成都的美食活地图"。二十世纪三十年代他就做了记者，一生以记者和教书为生。四十年代车辐任教于西川艺专、岷云艺专，后入《华西晚报》，任采访部主任。车辐是成都的名人，可谓无人不知无人不晓。吴祖光称他是"成都的土地爷"。他是著名的美食家，著有《川菜杂谈》一书，受到众多老饕们的追捧。他一生吃遍了成都的大小餐馆，这一点非常不易。成都是美食之都，有成千上万家餐馆，历史上兴起和消失的饮食名店不计其数，而能够号称吃遍成都的人恐怕唯车辐是也。关键是一生都在吃的一个"好吃鬼"，到 90 多岁了嘴还馋得像 3 岁小孩，而且越到老的时候，嘴巴越馋。已届耄年，一般的人早已吃不动了，人生百味也都已尝尽，酸甜苦辣也已淡然，但他仍然像一个好吃的孩童，有时坐在轮椅上打盹时，手里还捏着半截吃剩的花生糖。

关于他的好吃还有一则趣谈，他在 80 多岁时中了一次风，很厉害，被送进医院，张嘴都有些困难。本规规矩矩地躺在病床上的他，见友人来看他时手里提了一些吃的东西，便说："你提的啥子好吃的东西，拿点来吃嘛！"友人大笑说你真是饿了 3 天的美食家。

车辐成天坐不住，喜欢到处寻找好吃的东西，成都的老馆子他几乎都能找到。他善吃，懂吃，还会烧菜，有一手烹饪绝活。车辐请客有一特点，每上一菜，举箸之先，他必讲解，菜的来龙去脉、做法典故、选料火候等，重要的是他自己吃得比客人多。客人说车辐请客菜都是自己吃了的。车辐正色答："不吃可惜了。"其实并非客人不吃，而是车辐的筷子来得急如雷电，客人抢不过他。他还要"洗碗底"，用其他菜或泡菜将所剩的菜汤蘸干净，边吃边赞叹："好，真好！"

从车辐嘴里朋友们可以听到许多名家下厨绝活，如张大千的三大菌烧鸡尾多么鲜，黄宗英家的酱烧鸭多么香。这叫作精神会餐，打精神牙祭。其实是车辐有福，生在成都这座吃都。他同许多餐馆的大厨都是熟人，以记者身份出入上流社会，却又频频奔走于民间，与平民大众保持密切的接触，所以他对上流的和下层的人都十分熟悉。他是成都近代史的活字典，所以一位外地作家说，到了成都，不见车辐就跟没有到过成都一样。

车辐是以吃会友，吃是他与人交往的方式。川内川外的许多文人都是他的朋友：沙汀、艾芜、巴金、刘开渠、陈白尘、王朝闻、方成……数也数不清。特别是巴金，同他结缘于二十世纪三十年代。巴金每次回成都都不会放过他，要求他当向导寻美食。每次到上海看望巴金，他都会带上成都才有的青菜头、油菜头等新鲜蔬菜，他俩在一起聊的几乎全是老成都和川剧，而非文学，"摆成都还摆不完，没得时间聊其他的了"。

# 历史上的川菜名店

　　前面在名人的川菜一节写过"利宾筵""枕江楼""小雅"等川菜馆，而在近代史上成都有名的川菜馆多如牛毛，譬如"味之腴"，其店招牌用的字就是从苏东坡留下的字帖中选出的。味之腴的名菜一是"东坡肘子"，一是"凉拌鸡丝"，这是因为味之腴的肘子是同鸡合炖的，这里每天卖出的上百只肘子，必得用数十只鸡来熬汤，鸡汤煨得肘子味浓香，肘子的胶质又使鸡肉更有嚼劲，鸡和肘子出了锅分别做成两道菜，互相搭配，又醇厚，又麻辣，成了绝配。

　　东坡肘子是由诗人苏东坡发明的，其实关于东坡肘子并无具体的做法记载，其真正的做法据说早已失传，今人做的东坡肘子是根据很简单的文字记载进行再创造，其宗旨是肥而不腻，炮而不烂。

　　创办味之腴的是4个吃官饭的小公务员，这4人有一个共同爱好——"美食"，一日他们闲游至成都近郊的温江，在一小饭馆吃饭便点了这道肘子。肘子做得好，首先皮色就要诱人，要红得透亮，如同烤鸭。肘子上色通用的是甜红酱油和用鸡油、菜油及猪油调制的混油酥出的郫县豆瓣，与糖和花椒等佐料混合在一起熬制成又黏又稠的浓香汤汁，与从高温中捞出的炖得炮软的肘子一起放在锅里上色，肘子出锅装盘后如豆腐一般嫩滑，如琥珀一样红亮，却不烂不失型。就是这道菜使4个人动了心，在成都开了饭馆"味之腴"。

　　历史上成都的著名餐馆大多并非专业人士开创，它们的开办者不是落魄文人，就是下野罢官的官僚，这是因为成都人不管是官是民都好吃，并对吃颇有心得。在他们落魄之际又不甘寂寞就要操刀下厨，一来可以满足其爱好，二来又聚拢了同好者，更重要的是可以解决生计，何况能做出一道两道名菜便颇有成就感。"姑姑筵"的创办者黄敬临就是这种情况。

民国时期成都最有名的高档中餐"姑姑筵"，曾开业于"双孝祠"

黄敬临本是前清秀才，这种人在成都这座消费城市一抓一大把。他们大多懂一些诗文，又爱优游于山水园林，泡一泡茶馆，三朋四友每每邀约了，哪里有一家好菜馆就一定要去造访，吃过美食之后还不甘心，必得弄出个究竟来，并自己去烹调一番，许多川菜中的珍品就是这样产生的。黄敬临当过射洪县和巫溪的县长，这都是一些闲差，不管走到哪里，最重要的事情莫过于吃吃喝喝，乃至于嫌厨子的手艺不过关，便要亲自下厨弄几个好菜来品尝。黄敬临的家中，包括三个儿子和媳妇都是能吃能做的好手，黄敬临更是可以算作名厨。相比之下，对于做官黄并不在行，要不是他的毛根朋友川军将领陈鸣谦的提携，他连一个县官也当不上。罢官之后的黄敬临闲得无聊，干脆在少城公园内的楠木林开了一家晋龄饭店，这是黄敬临在成都开的第一家饭馆，卖的并不是什么奇珍异菜，但环境是第一流的。成都话说卖钱不卖钱，摊摊要扯圆，黄敬临在官场混迹多年，对排场很讲究，许多官僚宴客，除了对菜品的口味十分注重之外，对菜馆的场面也有很多讲究，所以黄敬临开的晋龄饭馆的场面和环境都很风光。

黄敬临的好友陈鸣谦不答应了，认为黄敬临不好好地当他的县太爷而去开什么饭馆，这是不思进取，他当即给黄敬临弄了个荥经县县长的差事让他走马上任。黄敬临毕竟还没有过够官瘾，于是将晋龄饭馆交给大儿子黄平伯就去上任。不足一年黄敬临又被罢了官，他本以为仍然可以回成都继续开他的晋龄饭馆，但回来之后才知道饭馆已被大儿子卖给了别人。黄敬临一声长叹。原来他走了之后儿子经营无方，开饭店并不是你有什么绝活，客人就必定来光顾，在成都这地方饭店太多，一走神，什么细节没有做好就可能败走麦城。晋龄饭店的情况就是如此，本来门庭若市的局面转眼就落得门庭冷落，大儿子将其卖出也是出于无奈。

黄敬临毕竟是黄敬临，他决定东山再起，在包家巷又开了一家"姑姑筵"，同样装修了亭台楼阁，种植了花木奇树，并亲自下厨，为客人做菜。店名叫"姑姑筵"本是家人的调笑，"姑姑筵"在成都话中是儿童玩的烹饪游戏之意，黄敬临干脆以此当成店名，并把这家店开得风风光光，成为当年成都的一家有名的川菜馆，后他又在重庆开了一家"姑姑筵"。黄敬临的大儿子黄平伯也开了一家"不醉无归小酒家"，三儿子黄保临开了"古女菜"和"哥哥传"两家店，真可谓一门之中有多位对川菜的发展作出了贡献。

春熙路上的店铺历来就洋盘和摩登，有名的川菜馆大多要在此占据一席之地。今天的春熙路上什么咖啡馆、泰餐、法餐、意餐、日本料理、韩国料理等如雨后春笋般兴起，国外的冰淇淋和咖啡成了红男绿女的最爱。各种餐饮店历来就在春熙路上开店营业，逛春熙路一是饱口福，一是饱眼福，这里美女如云，名店林立，单说老字号的小吃店龙抄手，它的套餐就包括了成都几乎所有的名小吃，有龙抄手、水晶烧麦、韩包子、担担面、川北凉粉、蛋烘糕、珍珠元子、甜水面、蒸蒸糕、油茶、三合泥、谭豆花等数十种。

说到春熙路的名店，就不得不提到耀华餐厅，这家店是成都最早的西餐厅之一，其西餐在成都人心目中颇为有名。当年的成都人为能在耀华吃一顿西餐而炫耀。耀华餐厅创办于抗战时期，门面装饰很西化，服务员也都穿西装，楼上楼下两层，在偏僻的内陆城市成都名噪一时。抗战时期的成都已经有了不少外国人，成都郊区的新津有驻扎着美国飞行队的机场，华西坝也有洋人开办的大学，四圣祠街上有外国人开办的医院，等等，所以开办西餐店也成了一种时尚。

耀华餐厅由赵志成所办，因为他懂外语，又曾在英国人开办的洋行工作。赵志成总想干点大事，能干什么呢？二十世纪三四十年代在春熙路上开一家电器行是很洋盘的事情，于是赵志成便开了一家，但生意并不好，那种年代电器也不风行，家庭有一个收音机或电风扇就很了不起了，不像今天哪家哪户不是全部电器化。赵志成这才改做西餐，以为这种新鲜的吃法会火，结果也是枉然，生意还是不好，因为普通的市民根本不知道西餐为何物。赵志成以为是自己卖的西餐不地道，完全没有意识到是因为所谓的西餐不合成都人的口味。赵志成决定推出正宗西餐，特意聘请了洋厨师，做出的菜也算是比较正宗，哪晓得更无人问津。但凡西方的东西，不论是文艺作品，还是饮食文化都要变通，原封不动地照搬进来肯定行不通。赵志成不断探索，又卖起粤式茶点、京味面和广味的叉烧包等，不断推陈出新，生意渐渐有了起色，连华西坝的洋人也赶来捧场，不料想成都最早的西餐厅卖的并不全是西餐，反而收到奇效。

对于洋人来说，中西合璧的东西让他们感到颇有新意；对于中国人来说，来这里要一杯红茶就着一块面包算是开了洋荤，这一来生意竟红火。

把餐厅开成这样并不是赵志成的原意，走到这一步只能算是启蒙，他的本意是要开一家西式菜馆，在中国西南的成都独树一帜。赵志成请了一个做俄国大菜的厨子，每天变换菜单，特别是俄式大盘鸡特别地道，冰淇淋是从电动搅拌机取出来的，又放在电冰箱中保存，这在当年的成都十分轰动。生意做大之后，耀华又与别的公司搞联营，你产我销，利益分成。耀华食品厂生产的各式糕点和糖果成为高级礼品，逢年过节人们必备这些东西相送。新中国成立后还搞西餐的套餐，8 元钱一套，有一碗汤、一个面包、一份冰淇淋和一块烤肉等。记得我小时候就经常向外婆索要 8 元钱去耀华过一盘西餐瘾，8 元钱在当时是不小的数目，一个工人一月才挣 20 多元。

成都虽然深处内陆，却是在清末年间就有洋人进入，英美加三国的五个教会在二十世纪初就在成都的华西坝开办了华西协合大学，成都人接触西餐比别的城市更早，川菜中也融入了一些西洋的元素。赵志成当年在成都开风气之先，办耀华餐厅，为成都的饮食文化作出巨大贡献。

二十世纪四十年代，战区内许多大学和学术机构内迁，成都集中了中国最优秀的知识分子群体，历史上再次大移民的浪潮出现在这一时期，成都兴起了公馆文化热潮。大量的文人、寓公、粮户和军政首脑来到成都兴建公馆，中国四大菜系的名厨均受聘于内迁的公馆主人，促进了川菜的大发展。公馆菜多由文化名人和公馆主人创意。李先生乃成都人，自小行走于各种公馆之间，那些精美绝伦的菜品也吃过一些，所以记忆深刻。但公馆菜很少流传于民间，庶民百姓难以问津。岁月流逝，这些弥足珍贵的川菜珍品几近失传。

到了 1994 年，因种种原因，川菜在成都的霸主地位遭到了严峻挑战，一些著名的餐厅也改打粤菜牌，或改头换面经营火锅。一时间，西方的洋快餐也纷纷进入中国市场，虽然许多食客对洋快餐嗤之以鼻，但洋快餐凭着自己的新奇的经营模式也能占得餐饮市场的小半个江山。川内餐饮业本来就反应迟钝，面对这种局面如果再不有所作为，川菜就有可能被洋快餐和其他菜系包融，川菜的特色和优势将会淡化和消失，市场份额也将被洋快餐和其他菜系砍瓜切菜般瓜分。在那些年甚至有些人误认为川菜就是"价廉、质差，不上档次"的大众菜、便宜菜、江湖菜。李先生就在这时站了出来。

1995 年初夏，一群社会名流汇聚于少城桂花巷，目的是品茗谈川菜，点评天下各种菜式，弘扬川菜文化，发掘老成都的公馆菜中的珍品，以振兴川菜。李先生虽是一名文人，但说干就干，旋即注资开办了首家老成都公馆菜菜馆，同时申报了商标和技术专利。

作为文化人的李先生特别关注川菜与川剧艺术的密切联系，在古代，不论朝野，红白喜事饮宴时常请艺人演出助兴，大的几十桌、上百桌，便搭戏台子；小的一两桌、十几桌，便唱堂会。川戏和川菜都是在清初四川大移民之后逐步发展和完善起来的。过去民间常把演川戏吃川菜联系在一起，除了唱堂会这种边吃菜饮酒边看川戏的形式外，有的川剧还直接把吃搬上台，台上边演出边吃，台下边看边吃，台上台下打成一片。厨子上菜，报菜名，台下席桌也上什么菜，台上台下互动，真是不亦乐乎。1993 年，国内外的研究专家聚会绵阳，台下有 50 桌之多，随着《刘氏四娘开五荤》等戏的演出，台上台下荤素菜品一应俱全，来了个"餐中戏""戏中餐"，好不热闹。

在成都的金河路上有一家著名的餐馆"努力餐"，在当年这是地下党人车耀先为了掩护革命活动而创办的。这家店 1929 年 5 月在成都三桥南街四川剧场对面开办，1930 年 5 月迁至祠堂街，1984 年由于城市改造才迁至金河街 1 号现今的地址。"努力餐"的得名主要是源于《古诗十九首》中"弃捐勿复道，努力加餐饭"之句。另外孙中山先生的遗嘱中也有"革命尚未成功，同志尚须努力"之句。

车耀先是四川大邑人，17 岁参加保路运动，曾在川军中任团长，1928 年加入中国共产党，后任中共四川省军委书记。车耀先以老板身份在成都先后经营过三家饮食店：新的面店、努力餐和庶几。其中属努力餐最有名，这是因为努力餐的名厨金鳌有一套绝活，其所烧的生烧什锦是川菜中的一道保留菜。金鳌本人还曾给护国军时任旅长的朱德当过炊事员。努力餐主要是由车耀先的夫人精心打理。1940年春，在成都震惊全国的抢米事件中，国民党逮捕了车耀先，并于1946年将其杀害于重庆松林坡。

车耀先被捕后，努力餐仍由其夫人经营。当时流传的歌谣唱道："生烧什锦名满川，味道好，努力餐。""要吃革命饭，请到努力餐。"车耀先当年的名言流传至今："若我的菜品不好，请君向我讲，若我的菜品好，请君向君的朋友讲。"1938年，邓颖超在努力餐宴请沙千里、史良等著名的七君子，当年冯玉祥来成都也是在努力餐举行宴会，努力餐在当年是一面旗帜，是成都餐饮界的翘楚。

1911年蓝光鉴协同其弟蓝光荣和蓝光壁在成都湖广会馆街开办了"荣乐园"餐厅，荣乐园成为成都传统川菜的据点。荣乐园以卖传统川菜为主，讲究"奶汤要猛（大火），清汤要吊（微火），无鸡不鲜，无鸭不香，无肚不白，无肘不浓"。根据这些原则，推出"开水白菜""银耳鸽蛋""白水萝卜""奶汤挂面""清水芙蓉"等菜。这些菜听起来名字很白，做起来却很不简单，吃起来让人耳目一新。原来最传统的却是最出新的。

蓝光鉴的主要任务就是推陈出新，荣乐园的看家菜"冬笋绍酒烧牛护膝"和"清蒸大块鲢鱼"，据说是他带着一群美食朋友和几个伙计到川西田坝风光如画的原野上，埋锅造饭，一边烹饪，一边讨论，一边试验，举着酒杯，谈笑风生，如此这般而成。蓝光鉴富于创造，当年他在正兴园当学徒时就挑着出堂的席桌担子，到郊外的风景点去做生意。那时他就是个有心人，偷师学艺，学到了不少南北菜系中名菜的做法。因深夜回不了城，蓝光鉴就打地铺过夜，望着满天的星星和月亮，他立志要成为一个川菜大厨。从此之后，蓝光鉴养成了在野外发明新菜的习惯，在开满油菜花的田野上他灵光一现，这意味着一道新菜又要成为成都人的新宠。

蓝氏三兄弟各显其长，老大蓝光鉴总揽一切，周旋于军阀官僚之间，几乎成都所有的商贾粮户、军政要员都是他的顾客或潜在顾客。老二蓝光荣是白案高手，专司面点。老三蓝光壁专门坐柜管账，打得一手好算盘，荣乐园的账被他算得清清楚楚。有了这三兄弟的分工合作，荣乐园的生意自然红火。中华人民共和国成立之初荣乐园改址到梓潼桥正街，叫"群力"饭店。

　　本书反复提到的著名川菜馆"枕江楼"，虽然今天早已不在，但这家川菜馆的影响实在是太大了。枕江楼是有名的南堂餐馆，这是区别于红锅炒菜饭馆，以卖海鲜为主。当年处于丛山峻岭之中的成都离海洋很远，本地虽有一些淡水水产，但所需的海产品都要从沿海运来。成都交通不便，那个年代也并无航班，所以鲜货不可能置办，只能用干货取代，如海参、鱿鱼、鲍鱼、鱼翅、金钩、海带等运来的都是干货，但这并不影响川菜大厨做出川味的海鲜。

历史悠久的万里桥（南门大桥）

枕江楼靠着老南门大桥头，这座大桥原名"长星桥"，历史久远，为秦庄襄王时蜀郡太守李冰所建，三国时蜀汉大臣费祎出使东吴，诸葛亮送于桥头，曰："万里之行从此始。"故命名为万里桥。1932年此桥重建后黄春山在桥头开设枕江楼，卖的都是大众川菜，生意十分兴隆。枕江楼是半椭圆形的吊脚楼群，其中有许多陈设雅致的雅间，面对着万里桥，前临奔流的河水。在炎热的夏天，坐在凉风习习的河边，品着茗，呷着酒，啖着美味的红烧樱桃肉和海鲜，对于文人骚客来说那真是诗意无穷的生活。在枕江楼后面的庭院中还建有一座草亭，周围有竹木花草点缀，亭上有联：

百花潭上三江水，
万里桥头一酒楼。

另联撰道：

楼可集群英，枕上黄粱容客睡；
桥能通万里，江中白波为谁忙。

光从这些对联中你就可品出良多回味。枕江楼如此辉煌是因为它有十一个股东，资金雄厚，所以可以在建筑、装修、菜品等诸多方面讲究排场。何况在成都开店特别讲究文化品位，讲究环境，而使食客有优雅的好心情。来餐馆吃饭的人吃的并不仅仅是几样可口的菜，更注重文化品位，讲究情趣。枕江楼的合伙人虽然也有经营煤炭生意的老板，但大多是些文化人，他们在办这家餐馆时就特别在意细节。譬如所卖的鱼虾装在鱼篓内泡在河中，顾客现点现烹，以保持菜品的鲜活。鸡鸭都养在院子里，也是活杀，几分钟，十多分钟，点杀的鸡鸭就上了桌。两位主厨一是唐炳如，一是傅春云，名菜是脆皮鱼、醉虾和扁豆泥。这几种菜今天早已失传，首先是所用的大鲤鱼已找不到，这种大鲤鱼就生活在府南河中，是活水所养，今天的人工养鱼根本做不出那种美味。其醉虾所用的虾子也是河湖中的天然小虾，从鱼篓中捞出折去头角放在盘中，用碗盖严，调好蘸料，便是一碗又麻又辣的红酱油（产自湖广馆酱园），上桌时揭开盖碗浇上调料，虾子还在满桌飞舞，食客就这样鲜吃。做脆皮鱼的鱼选用的是一斤至一斤半的大鱼，调味的是大糖醋，加笋丝、菌丝、葱丝、红海椒丝等。枕江楼的菜赞美者众，以至于要排队进餐。

# 消失的名店和名菜

　　川菜走过了一百多年的岁月，在发展过程中不断有名店名菜诞生，又不断有名店名菜消失。过去开在四川剧场旁边有名的川菜馆芙蓉餐厅已经失去踪影。开在骡马市街的荣乐园也已消失。荣乐园及它的前身正宾园被誉为正宗川味，所卖的荣乐海参、成都全鱼、神仙全鸭、鸡豆花等名菜是成都人的珍爱。正宾园开于 1861 年，由关治平开办，其名菜肉八碗、九大碗、参肚席是今天的成都人品尝不到的。正宾园不仅菜品讲究，碗盏也很考究，筷子用的是乌木包银筷。

　　周孝怀曾任四川劝业道道台，在成都近代史上也算是个风云人物，所进行的改革在成都近代史上开了风气之先。他的另一贡献就是把江浙名菜引入成都，当年正兴园专卖的芋头圆子、酿大青椒、茄皮鳝鱼、鳝黄银杏等菜品被誉为"周派"菜（苏菜），与"贺派"名肴（京菜，代表人物贺伦夔，曾任四川警察总监，善吃，雅号"贺油大"）共同融合，形成川菜风格。

　　1943 年在成都餐饮史上是个旺年。成都是抗战的大后方，北方迁来了许多大学和科研机构，一时名人云集，这一年开办的名菜馆有颐之时、哥哥传、义胜园、静宁、竞成园、玉珍园。说到名菜就不得不提到荣乐园的清蒸大块鲢鱼、芫荽等，但这些菜早已无人经营，就算有人会做也失去了当年的风韵。

　　1935 年的花会时节是"姑姑筵"开张的日子，它开在成都著名的风景区百花潭畔的二仙桥侧，其开办者就是在少城公园内开过晋龄饭店的黄晋临。据说仅海参黄晋临就能做出蝴蝶海参、金钱海参、锅巴海参、葱烧海参等十几种菜品来。黄晋临在做菜上特别用心，所以终成大厨。

冠生园是以卖茶点出名的，冠生园的早点品种，类似于广东人喝的早茶，在当年的成都颇为有名。据说大名鼎鼎的耀华餐厅所做的豆沙包、叉烧包、鸡肉包也都是受了冠生园的启发研制的。当年耀华食品厂生产的方块白糖、红白芙蓉、海参酥、凤尾酥、奶油花生和奶油球糖等糕点成了成都人过年过节送人的高档礼品。

过去在梓潼桥街有一家令人称绝的面点铺叫"稷雪"，它专攻中外小点心，同样类型的另一家叫"麦馨"，在鼓楼街上，专攻川味面点，当年的面点铺子单是店名就非常有文化内涵，不似今天的糕点铺卖的都是中国货却要以洋名来招揽，不知是出于何种考虑，让人摸不着头脑。当年令成都人不忘的两家店一名"中秋味"，在春熙南路，一名"香风味"，在东大街，这两家饭馆是典型的中式快餐店，由师徒二人所开。暑袜街口的"徐来小酒家"取自"宾至如归，清风徐来"之意，专卖小份菜，人们到了徐来小酒家都要吃一碗"宋嫂面"。"口皿品"坐落在西御街口。亦有用拆字格为市招的，如"胡胡"甜食店，其猪油发糕，全城有名。另有两家招牌，一名"四五六"酒楼，兼营俄国大菜，一名"三六九"小吃店，营北方面食和馄饨。

过去成都还有一家小食店的招牌是三个同音字"视试嗜"，第一个"视"表示看到了，第二个"试"意为来试一下，第三个"嗜"意思是只要你尝过了就会成为常客经常来，变为一种嗜好。至于"司胖子""廖广东""烂招牌"等店名又是另一层含义。越雅的越要用俗名，而俗的却取了个雅名。要反着来，效果奇妙。

民国年间成都著名的餐饮名店有华兴街的"颐二时"，棉花街的"中国食堂"，总府街的"明湖春"，提督街的"长春园"，忠烈祠南街的"荟芳园"等。可惜这些店大多随着时间的流逝而失去了踪影，人们只能闻其名，不能见其店。

1909 年春节期间，成都少城的祠堂街开办了一家聚丰园，老板是李树通，他在华兴街也开有一家聚丰园。周善培和樊孔周在华兴街和总府街之间修建劝业场之时就经常光顾聚丰园，正是在周善培的建议下，李树通在祠堂街也开了一家聚丰园。聚丰园可做满汉全席，据说当年玉昆任成都将军时就到聚丰园享用这种美味。满汉全席从第一道菜开始享用，到最后一道菜享用完，要历时数日，其间还有多种歌舞表演，甚至于穿插一些戏剧片段，抽空还要上一些小吃，这就需要品尝者有很好的身体、很旺的食欲和很强的鉴赏力。当年在成都能够完成满汉全席的厨师并不多，正宗的满汉全席也不可能仅由一两位厨师就可以炮制，而是由几十人甚至上百人共同制作的结果。当年在成都也很少有能够独立操作满汉全席的餐馆，所以，聚丰园的实力可见一斑。可惜在二十世纪四十年代此店已不复存在。

抗战时期全国各种菜系的许多名菜都在成都出现，北方的著名餐馆，如山西的"晋阳楼"，陕西的"西秦饭店"等，以及鲁菜、粤菜、苏菜都陆续在成都开业，使成都人大开眼界，也为川菜发展提供了借鉴。清代袁枚所著的《随园食单》即有以茶入菜的记载，可惜这种食法今天已很少看见，譬如茶叶蒸蛋、茶叶鱼羹、茶尖羊尾等名菜几近失传。记得我小时候还在皇城坝的一家餐馆吃过茶叶牛肉，是在牛肉中加入各种佐料和着茶叶上笼蒸制，煮后取出切片，再加入适量的牛尾汤。这道菜咸味中带有清茶香味，特别是在夏天，吃到这道菜可以让人感到神清气爽。

苏菜和川菜融合得最好的就是抗战时的名菜"轰炸东京"。当时在成都的新津建有机场，几十万成都人为修建这座机场出过力。美国的飞虎队从新津机场起飞，穿越中国大陆去轰炸日本的东京，这在抗战中是一壮举。"轰炸东京"这道菜流行于武汉、重庆等地，又从陈果夫在成都励志社旁的公馆中传出，并在成都大小公馆中流行。这道菜的原料是虾和鲍鱼，做法与川菜中锅巴肉片类似，关键是将汁浇在炸成牙黄色的锅巴上时发出的那一阵响声，使人精神为之一振，观之、色、香、形兼具；食之，酸中带甜，甜中带香，不失为一道美味。特别是饱受日机轰炸之苦的成都人在吃这道菜时更有一种快感。

二十世纪四十年代成都著名的饮食组织"长春会"，其成员个个嗜酒如命，酒量极大，据说要加入其中必须先得大喝一台，证明酒量了得，让组织中人认可才能加入。该会的成员有酒大王、酒状元、酒司令、酒坛子、酒仙、酒鬼等，这些人都是富人，下酒菜不用胡豆、花生之类充数，他们发明了醉鱼头、醉鸡等名菜，在烹饪鱼头时在汤汁里就加了葡萄酒，在菜品上桌时再用喷壶喷曲酒于鱼头上，当年成都的酒客最爱以此菜下酒，类似的名菜还有"茅台鸡""醉酒神鳖"等。上了年岁的成都老人一提起这些名菜就有颇多感慨。用酒烹菜是一传统，以至于到了今天仍有啤酒鸭之类的做法，著名的醪糟红烧肉和醉豆花等其实也有酒精的作用。川酒本来就很传奇，与川菜结合在一起便更加令人称奇。

清末四川最后一个状元，成都的五老七贤之一骆成骧也是当年成都知名的美食家。五老七贤还有方旭，字鹤斋，安徽桐城人，前清拔贡，曾做过四川提学使；曾鉴，字奂如，四川隆昌人，前清拔贡；曾培，字笃斋，成都人，前清翰林；张忠信，字孟甫，四川富顺人，前清翰林；宋育仁，字芸子，四川富顺人，前清翰林；赵熙，字尧生，四川容县人，前清翰林；颜楷，字雍耆，成都华阳人，前清进士；刘咸荥，字豫波，成都双流人，前清拔贡；邵从恩，字明叔，四川青神人，前清进士；徐炯，字子休，成都华阳人，前清举人；文龙，字海云，成都人，前清进士；再加上中华人民共和国成立后任四川文史馆副馆长的林思进等人，这批人有的做过高官，有的富有文名，都曾在社会上风光过，后来因为各种各样的原因远离了政治中心，成为闲人，但都不甘寂寞，想要发挥余热。

五老七贤多为好美食之人。骆成骧曾宦游北京、贵州、广西、湖南、山西等地，对各地民俗民风及饮食文化极为关注。他每到一处均要探访当地烹饪高人，遍尝他乡美食，久之，骆成骧本人对美食之道也日益精进。骆成骧在成都定居后，从他的府中传出了一道名菜"清炖粉蒸肉"，这真是一道奇思妙想的名菜。此菜是按《调鼎集》所载的粉蒸肉的制作方法改进而来：将拌好籼米粉的肉装入蒸碗并不上笼，而是填塞在制好的猪小肚内密封，外面套上大猪肚再次密封，缝合大肚，以使汤汁不能进入肚内，否则，将弄成不伦不类的杂碎大锅汤。将缝好的猪肚放入高汤内用文火慢熬，高汤要特别讲究，因为高汤的品质关系到此菜能否成功。清炖成菜后剖开猪肚，取出蒸碗即可吃到蒸、炖二者合一的美味清炖粉蒸肉。

川菜是一个庞大的体系，博大精深。川菜之所以能成为享誉世界的美食，跟巴蜀大地丰厚的文化根基分不开。蜀中多文人，天下文人皆入蜀，自汉、唐以来这几乎成了一个传统。这么多的文化名流和军政要员来到这片丰沃的水网地带，面对这么多的美味佳肴。除了大快朵颐之外，还要引吭传颂，甚至发挥奇思妙想参与其中，加上历史上不断的移民大迁徙，将各地美食烹饪方法带入、融合、创新，川菜岂能不发达？

成都历史上有过多少餐饮店已不可考，本文中提到的这些店大多也已经消失，而随之消失的是这些名店中的大厨和开办者曾经创造过的辉煌和那些名菜及名菜发明者的趣事逸闻。一部成都的文明史从某种意义上说就是一部成都餐饮文化的发展史，饮食文化在成都生活中占有的地位太重要，以至于它成了一面大旗，引导着成都人文历史的进程。

# 叁

## 美食存在于四野

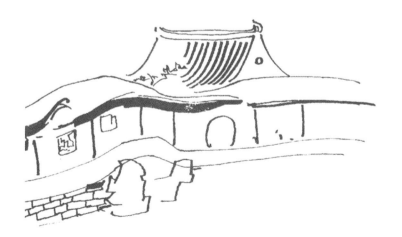

# 外婆家的老坛子

　　外婆是美食高手，她的坛子特别多，有酸菜坛子，有泡菜坛子，泡菜坛子又分了好多种，有泡海椒的，有泡姜的，还有用来装豆瓣的，外婆说没有这些坛子就做不出那些美食。

　　这些坛子被分门别类地存放着，有的放在水缸旁边，这里潮湿；有的放在老皂角树下，这里通风；还有被埋在地下的，譬如装雨水的坛子。外婆将收集来的雨水封在坛子里埋在地下，要熬靓汤时才取出来。泡咸鸭蛋的坛子就放在外婆的床下，外婆说睡在床上一闻坛子的气味就知道那鸭蛋是不是可以下饭了。倘使听见鸭蛋在坛子里炸开的声音，说明有臭蛋得赶紧处理。最简单的处理方法就是把鸭蛋煮了给我们做蟹黄豆花。外婆泡的鸭蛋特别地道，是因为她每年都要托人去峨眉山的金顶采集雪水，用瓶子装了带回来泡鸭蛋。而鸭蛋则是从邛崃的亲戚家带来的，是纯种的山鸭蛋，就连盐也是从自贡买来的，舅舅一去自贡就要驮一麻袋盐回来，外婆高兴地拍着手说这是井盐，不一般。为什么不一般我们也搞不清，反正外婆做什么都有她的道理，哪怕煮一碗荷包蛋也比别人的好吃。关于荷包蛋好吃的原因，外婆点醒我说这是用的蒲江醪糟，加的是内江的白糖，放了一坨猪油，就连蛋也是我们家的大黄下的。外婆养了两只老母鸡——大黄和二黄，这两只鸡也吃着外婆的美食，所以很会下蛋。

　　到了夏天我就没有胃口，只想吃外婆的泡豇豆炒肉，外婆把泡菜坛子一揭开，我的口水就流了出来，外婆只要捞一碗泡菜出来，我空口就可以把它们啖光，这仅仅算是打尖。等外婆的绿豆稀饭和泡豇豆炒肉端出来，我的眼睛都绿了，兄弟姐妹们常常为了那一碗泡菜打起来，这时，外婆只好再去泡菜坛子里一阵捣鼓，再弄出一大碗炒的泡萝卜缨或灯笼海椒来平息我们的争抢。

我在西藏当兵的那些年，一想起外婆的泡菜就要口水长流，甚至在梦里流出哈喇子，这几乎成了我的一种病，班长问我的枕头怎么总是湿的，我说是想家哭的，其实是我流的口水打湿的。我这人一生好吃，是外婆惯出来的。记得从西藏回来，一下飞机我就冲进了最近的一家餐馆猛啖了一份回锅肉，连吃三份泡菜，这才回味到并没有想象的那么好吃，那是因为外婆早已离我而去，我再也吃不到她做的那些民间菜肴。

记得小时候常有邻居来家里向外婆讨一碗老盐水，说是要起泡菜坛子水。原来邻居家的泡菜老是生花，总是要不断倒掉重新起坛。外婆的泡菜坛子历史悠久，却从不生花，什么时节往坛子里加醪糟，什么时节加酒、加花椒等，外婆总有她的招数。外婆并不是家庭妇女，她参过军，是十八军的老战士，但她把她的后半生全部贡献给了我们这些孙儿孙女，她为我们调制出那么多家常便饭，特别是她的那一罐子老卤水，用它卤出来的卤菜，真是一绝。

外婆的卤水是她从老家的老楠树下起出的，罐子密封着，那是外婆的外婆传下来的，罐子打开，老卤水只剩下小半罐，外婆乐不可支，说只要有一口水就够，用它来点化，不用太多。外婆熬了鲜汤，加入一大堆棒子骨、鸡骨，放入用沙袋装好的十三香，再加入老姜、大葱等，等熬出味了再加入冰糖、自贡精盐，而后倒半瓶五粮液，加几勺醪糟，关键是加入老卤水，一次只加一小勺，这就足够了。

卤水是外婆的宝贝，卤水卤过东西后要打去杂质，烧开，倒入坛子，冷却后放在大水缸后面，那时没有冰箱，外婆也不怕麻烦，过两天就要倒出来烧开一次。有了这一坛子老卤水，我们一家人过年过节总能吃到卤出来的美味。尤其是卤鸡，其美味无可比拟。外婆死后，那个坛子便无人问津，搬家时还被不肖的后生扔掉了，只是在每年过年聚餐，大家吃着买来的卤菜味同嚼蜡时，一个个才回想起过去的年月，那时不仅有一个老外婆，还有老外婆不厌其烦做出的人间佳肴。

　　说起外婆独创的美味还有青椒肉末。将青椒（二荆条）和香葱剁碎，加入韭菜（剁碎），和入蒜泥和姜末，用盐浸十分钟，将烧开的菜油"哗"的一声浇入，拌上炒好的臊子，这就是美味的青椒肉末。用清蒸的竹丝茄蘸青椒肉末，在夏天可以吃得大汗淋漓，用它来拌豇豆也很爽口。这道菜我得了外婆的真传，主要是它简单，我总算可以做得像模像样，这算是继承了外婆手艺的一点皮毛。

# 旧时成都的街边小吃摊和公馆菜

　　赖老大待客的名菜是"叫花子鱼"，这是当年公馆中很流行的一道菜，类似江浙名菜"叫花子鸡"。旧时成都的叫花子，从河里捞了一条鱼后，回到所住的桥洞下，只能找些简单的调料将鱼拌合之后用废纸或菜叶包裹，然后再将从餐馆中乞讨来的残羹剩饭中的浮油倒入瓦钵或沙罐破锅中，用捡来的毛毛柴、枯树枝加热，待老油烧滚后再将鱼放入其中烹制。刚烧到一半火就烧尽，又赶紧去找干麦秆、干稻草，有时干脆将打地铺用的稻草抽来烧，如此三番五次，经过升温降温，鱼肉终于被油水浸熟，吃起来不仅鲜嫩，还入味，从此这成了一道名菜流入公馆。赖老大待客的另一道名菜就是"茅台鸡"，据说这是 1916 年蔡锷任四川督军和四川省省长时爱吃的一道菜，这道菜因用了贵州名酒茅台而得名。1939 年国画大师张大千在四川青城山用两坛茅台酒烹制全鸡招待友人，吃过这道菜的人赞不绝口，此菜渐渐在成都公馆中流行起来。用茅台酒烹制鸡时要分次放入，使鸡不断地吸收酒的香味，再经过特制的高温的煨熬，待鸡肉炟（软烂）后用喷壶将茅台酒喷在鸡上即成。

　　成都是水网地带，盛产鸭子，成都街边自然就有很多卖卤鸭子的摊摊。成都许多有名鸭店的主人过去都是摆摊的，他们从贩子那里买了土鸭回来宰杀，卤好了到大饭馆旁边摆摊设点，大饭店一般不卖卤鸭，进大饭店喝酒的人见了烤得又香又脆的鸭子就要提半只一只的拿进店去下酒。久之，客人觉得这种鸭子够味就要互相传，说某某鸭子好吃，如果是姓张的卖的就叫张鸭子，姓温的卖的就叫温鸭子，成都老字号张鸭子就是这么卖出名的。

当时张鸭子的摊摊就摆在"锡丰和"酒店门前，锡丰和恰好就不卖卤菜，所以对张鸭子在门前叫卖也不阻止。1934年张忠如继承父业后先是在春熙路锦华馆内租了一个固定摊位，生意逐渐好起来。1934年张忠如在书院街租下一间铺面，开始扩大经营规模，1941年又搬到梓潼桥街，这时张鸭子已名满成都。许多的成都名店都是从挑担子开始经营的，许多成都名厨也是从街边摆摊开始操练手艺，最终修成正果，成为一代名厨。

二十世纪五六十年代，成都人动不动就要逛盐市口的人民商场，在没有超市的年代，盐市口因为有人民商场而成为成都人购物的首选。人民商场几乎就是成都商品的代名词，因是国营大商场，货品丰富、质量可靠而成为成都人购物的常去处。成都人爱在星期天逛人民商场，扯一尺布或买一双鞋也是逛一个上午的理由，目的是走累了去人民商场里面的各种馆子饱一饱口福。最令人难忘的就是三合泥，在人民商场背街的三合泥小店十分破败，但做出的油汪汪的三合泥使人终生难忘。我小时候只要有了几角钱就要跑去搓一顿三合泥，但一碗根本不解馋，我总是舔着嘴边的油恋恋不舍地离去。

二十世纪八十年代我发表了第一篇小说挣了一百多元的稿费，取了钱第一件事就是去连点5碗三合泥，嗨得白鹤伸颈，但第5碗实在没有灌下去，这算是生平很有意义的一次浪费。还有另一种美食就是红苔粑粑，其店堂居然开在人民商场背街的公共厕所旁，现在想起来简直不可思议，但当年的人似乎并不在意，为了那一口美食大老远地找了去，因为那浸着油的红苔粑粑实在是太好吃了。

如今人民商场一带早就变了样，不仅那些小吃店荡然无存，就连那些街道也不存在了。终于有一天我找到一家卖名小吃的店，里面有油茶和红苔粑粑，还有鸡丝凉面、甜水面……我点了一大堆，却怎么

叁 美食存在于四野

也吃不出过去的那种滋味，说起来还是饥饿年代的东西使人记忆深刻，人一旦没有了饥饿感，世界上也就没有美食存在。

过去盐市口一带还有一种美食使我至今想起来都垂涎三尺，那就是中心菜市场里一家专门卖肉包子的店铺，肉包子5分钱一个，又白又大，包子皮上浸着油，一口咬下去油就飙出来，溅得满身都是。有一年春节我排了一个通宵的队替外婆买了5斤豆芽（当年别的东西大多要凭票供应，唯独豆芽是不限量的），这把外婆乐得合不拢嘴，就奖励我吃包子，说"我今天就要看你娃娃能吃下去几个"，天啦！我居然一口气吃下去8个。那可都是大包，一个将近二两，现在想起来还后怕。对于一个只有8岁的孩子来说这是破纪录的。连卖包子的阿姨都吓住了，不肯再卖给我，说撑死了绝不负责，以至于后来我每每想吃包子了就要求去排队买豆芽。

我儿时的成都都是一些老街老房子，每天天一亮各种小吃的叫卖声就响起，"菜——豆花""大头菜——红油大头菜！""油条——豆浆，豆浆——油条"，然后是"梆，梆，梆"的敲打声，这是卖油糕的；"哒，哒，哒"，这是卖"蒸蒸糕"的；"叮叮当"卖的是麻糖。当各种叫卖声响起，你如何还能睡得着觉？于是赶紧爬起来，脸不洗牙不刷就跑出去，等回来的时候已有两个卤肉夹锅盔下了肚，而大老远外婆就在喊："快些刷牙，完了来吃豆汤饭，还有唐场豆腐乳，巴适得很哦！"这种日子想起来都舒服。而今天的早饭，不是两片面包，就是一碗麦片，天天如此，吃得人倒了胃口。没有美食的日子还叫生活?! 这真使人费解。

# 一路美食下青神

　　整个法国都是巴黎的郊区，整个四川亦是成都的依托。成都人在城里享用美食还远远不够，他们还要去郊区，而且辐射的范围越来越大。在只有自行车的年代，成都人都要去广汉品尝缠丝兔，去新繁品尝泡菜，在有了汽车、有了城际列车、有了动车组的今天，成都人动不动就要冲向四川各地寻找美食，因为美食存在于四野。

　　走北路有川北凉粉，有阆中的张飞牛肉，达州灯影牛肉，南充灯笼牛肉，绵阳豌豆扯面，梓潼片粉，剑阁志公寺五香豆腐干，罗江豆鸡，绵阳鲂鱼和南江黄羊……走东路可以吃到荣昌猪油泡粑，内江醪糟小汤圆和葱椒油旋，各种名吃名目繁多。还有西路，温江、郫县、崇州、大邑和邛崃的美食简直一生都无法吃遍，单是雅安就有油烫鸭、雅鱼等。但我们一拨食客大多走的是南路，南路又分成西昌方向、宜宾方向、泸州方向和乐山方向等，每一条线路上都有吃不尽的美食。不管是夹江的徽子油茶，还是乐山的肉包谷粑、鸡丝豆腐脑，也不论是西坝的豆腐、峨眉山的雪魔芋烧鸭，还是乐山的东坡鱼、岩鱼等，都是四川人一生享用不尽的口福。

　　我和我朋友这批人都是耍家，一有空就聚在一起东走西逛，饱了眼福又饱了口福。我们这一回走的是乐山道，第一站是彭山的仙女山，为的是去喝彭祖的养身酒，吃一种当地的特产，这种物产是

叁　美食存在于四野

用玉米叶子包着的豆豉炒的回锅肉。肉是土猪肉，经过农家乐的师傅随便一炒，并没有费什么工夫就端出来一大盆，一大盆被我们一行人狼吞虎咽，消灭成空盆。这种吃法令农家乐的师傅瞠目结舌，说："你们城里人难道没有吃过回锅肉？不可能吧。"我们当然吃过数不清的回锅肉：广汉的连山回锅肉，一片肉比脸还大；还有什么盐菜回锅肉、干姜豆回锅肉……数不清做法的回锅肉哪一样没有吃过，但仙女山的回锅肉香就香在那豆豉，在油锅里炸得金黄，再配上当地产的小蒜苗，这种蒜苗十分细小，刚从地里摘回来，洗干净不用切，直接丢进锅里炒，那回锅肉香得简直不得了。这里还有另一道菜令人终生难忘：米汤煮冬寒菜。因是甄子饭自然有米汤，米汤里加了少许老腊肉，煮出来的冬寒菜汤鲜美得不得了，我肚子本已发胀，但还是忍不住嘴连喝三碗。

酒足饭饱后，我们便开车进入眉山，到了眉山不能不吃东坡肉，可惜之前在仙女山吃得太饱还没有消化，在朋友的推荐下我们在一家叫"马血旺"的馆子里吃了几道血旺菜，这才一路奔波到达青神的中岩寺。

中岩寺依山傍水，面朝着岷江，江边有船家旅馆，可以住在船上，船在水上飘荡，河水阵阵送爽，正值7月，岸上炎热难耐，能在船上歇息当然美好。但天色向晚，我们便向船家打听哪里有好吃的餐馆，船家摇着头说太晚了，好馆子都关了门。这里平时来的客人并不多，所以老板早早就关门进城，只有节假日馆子才开得晚。原来在这里开馆子的老板大多是青神县城里的，晚上并不住在山脚下。见我们失望，船老板便热情相邀，说如果不嫌弃可以到他家去吃宵夜，他家就在离这不远的山边上。这河沟里有一种巴巴鱼，只有一两寸长，在石头下爬着，晚上还会"邦邦邦"地叫。这是当地的特产，好吃得很，他可以叫他儿子去搬。此外，还有家里养的土鸡，满山遍野地跑，晚上睡在树上，都不回家，它们平常都在山上自己寻食，只有喂包谷时才跑回来啄。用这种鸡炒青椒那简直好吃得流口水。红苕稀饭也好吃，刚打的新米，红苕是老的，窖在窖里，削干净煮稀饭包你连吃三大碗。听了船老板的煽动，我们一个个心花怒放，呼拥着跟他而去。

他家果真是一个很美的农家小院。船老板的儿子一吼就招来了几个小山民，他们一个个黑得赛泥鳅，欢呼着提了撮箕下到小溪里逮巴巴鱼去了。船老板的媳妇也是那么唱山歌般一阵吼唱，一大群山鸡就飞扑回来，啄着船老板媳妇扔的包谷籽，欢快得"咯咯"叫。但要抓住我们看中的那只大红公鸡可不是一件简单的事。那只红公鸡气宇轩昂，行走如飞，不要说吃它的肉，看着它都是莫大的享受。这种鸡在城里哪里去买？那种肉鸡厨师的手艺再好也是白搭，这种山鸡只用清水煮一煮也是绝味。但几乎出动了全村的人也拿不住它，人们拉网般把它逼到一个包围圈中，它干脆飞上了一棵大树，在树上扇着翅膀"喔喔喔"地叫起来，原来在这种危险时刻它还没有忘记自己的职责"报时"。

我馋得流清口水，但还是劝大家放弃对这只红公鸡的"打猫心肠"，这么优秀的山鸡应该留下做种，不应该成为我们这群饿痨鬼的盘中餐。大家只得同意，其实反对也无用，谁有能耐抓住那只"精灵"？最终我们把目标锁定在两只小山鸡身上，一公一母，公的还是一只童子鸡，船老板说用它来炒青辣椒安逸得很。母的也才养了半年，但用它来煮青豆也很好。于是我们用一把包谷籽做诱饵将姐弟俩擒获，旋从地里采了葱和蒜苗，还剥了青豆，扯了青辣椒。船老大居然还是一个民间菜制作高手，三弄两不弄就摆出一桌丰盛的家常菜，酒是从一个大坛子倒出来的，也是自家酿的高粱酒，那一晚我们一个个吃得面红耳赤，那鸡肉当然不说了，美味得无法形容，巴巴鱼更是人间奇味，我一口一根，吃得只剩一根鱼骨，吐出来再舔进一根。鱼是用山上长的野藿香烹做的，奇美之处正在于

叁　美食存在于四野

此。其他几样野菜是鹅脚板、马齿苋、水芹菜、雪皮菜，用蒜和姜简单炒了一下，也清香可口。用农家自制的豆瓣炒的厚皮菜怎么也这么下饭？总之，美食果然存在于四野。

船上一觉睡至大天亮，船在江中一摇一晃就像睡在摇篮里，当然舒服。江水是流动的，所以没有蚊子咬人，再有自然的河风吹拂一点也不觉得闷热，原来这水上旅馆如此令人享受，生平我还是头一回玩这种格。

早饭是豆浆稀饭，再用农家自己做的豆腐乳下饭，这又是一顿美食。船老大问你们想不想吃水中珍品，我们以为又是昨晚吃的巴巴鱼，船老大摇头，说是我们青神中岩寺往下流到乐山的这一段岷江中产的江团，如今这种鱼野生的已经很少，大都是人工饲养的。如果客人们想吃船老大愿意召集村中的壮汉用船送我们去游岷江的小三峡，顺便捞一捞江团，如果运气好逮住几条便可以在船上吃火锅。青神到乐山的这一段小三峡虽比不上长江大三峡壮观，但也算是当地一处有名的奇美风景，峡中滩多流急，可以感受漂流的乐趣，许多地方水浅船根本走不过去，要靠船工拉纤。听船家如此述说，我头一个就欢呼起来，大家也都赞成，当即兴奋得要启程，谈好500元船资后，船家便去张罗了。

正在大家喜形于色时，船工们到齐了，他们一个个黑如泥炭，浑身油亮油亮地闪着光，腱子肉鼓得饱满，一看就知是那种在江里打拼惯了的浪里白条。船工一共8个人，船家说要将船拉动8个人还不太够呢，因为顺水下去还好走，回来时是上水就很费力。岷江小三峡前后有上百里的路程。我一听就汗颜，才给别人500元辛苦费，8个人为我们5个人服务，便坚决要求将船资涨至1000元。船老大反对，说他们这一带都是这个价，不能乱了套，多给的钱他们坚决不要。这里的山民十分淳朴，譬如昨晚在船老大家又是鸡又是鱼地招待我们才收100元钱，多一分也不肯要，让我们感动万分。

经过一番争执还是以 1000 元船资敲定，船老大说多出的钱由他安排在船上给我们办一锅火锅，一路拉网，逮住什么鱼就往锅里煮，包你们这些客人满意。于是一行人上了路。走了十多里就遇见了无数的白鹭，一群群在船边飞翔，见我们猛按快门，船老大说，白鹭多说明这一带鱼多，就让幺三娃把网放下船去。

幺三娃是一个身强力壮的小伙子，山歌吼得震天响，一路上他不停地唱，越吼越高亢。听他吼歌你有一种担心，生怕他把嗓子吼破了，吼出血。幺三娃一点不在乎，一边唱一边把网撒下去，这叫拖网，在船尾跟着船走。突然幺三娃的歌声戛然而止，我们都以为出了什么事，船老大却笑嘻了，说这是网住鱼了。把网提起来一看果然是一条大鱼。

"是江团?!"

我这么一咋呼，其他人都围拢过来看。船老大说是一条大鲤鱼，足有两斤重。江团不长在这段江面上，江团生在石窝子里，要走五十里水路到了那一段江面就可以看见岩石林立，水下有许多石窝子，江团就伏在里面。听船老大如此说我也不失望，网了这么大一条鲤鱼也够我们美吃一顿了。船老大用一个竹片将鱼剖了，也不洗就放锅里去煮，说江里的鱼干净，这么煮汤鲜。他又往锅里倒了一些中药似的东西，都是山上的特产，那锅鱼不提有多美味。

在过珍珠滩的时候船抖得厉害，水浅，尽是些大鹅卵石，船夫们都下到水里去拉纤，幺三娃的船歌唱得更雄壮。船老大站立在船头，用竹竿推开各种障碍，显得十分威武。我却一直守着那锅鱼汤，生怕它翻倒。其余的人都不管这些，一齐下到浅水里去找奇石。水里有许多奇形怪状的石头，大家兴致勃勃地搜寻着。幺三娃逮住了一条巴巴鱼，这条鱼比手掌还大，趴在石头下，幺三娃的眼睛尖，仿佛能看到石头下面，一脚迈上去，把石头翻开将鱼手到擒来。船老大说很少见到有长得这么大的巴巴鱼，这条鱼可以说是巴巴鱼的老祖宗了。那条鱼放进锅去翻了几个滚就浮起来，船老大说只要浮起来就说明它煮熟了。趁那些人玩性大在水里捡石头时我一个人将那条巴巴鱼干掉了。等他们回来问鱼呢？我指着肚子说正在这儿消化呢！他们愤怒地要打我，说你小子吃独食，也不让我们尝尝鲜。那条巴巴鱼确实鲜美无比，可惜只有一条，还不够填我的牙缝。

船过燕子窝时一船的人全部欢呼起来。只见岩壁上成千上万的燕子窝，不停有燕子飞进飞出。船老大告诉我们这并不是我们认为的那种燕窝，那种金丝燕吐出的唾液做的窝才有营养价值，这是本地的土燕子做的窝，用的是树枝禾草编织的燕窝，所以并没有什么药用价值。原来如此！难怪这么多的燕子在这里做窝孵蛋也没人前来打扰，否则，早就连燕子毛也见不到了。

最激动人心的时刻到了，船开进了产江团的峡谷。我们果然在许多比船还大的石头上见到了一些石窝子，有些露在水面，有些潜在水下。幺三娃将脚伸进一个石窝子去试了试，水就没到了他的大腿。他将脚拔出来，说连鱼鳞也没有。又试了几个石窝子都是一无所获。见我们失望，船老大说过去这些窝子可是有名的鱼窝子，十拿九稳。现今江团成了一道名菜，逮江团的人太多，连鱼苗都弄干净，要想逮住野生的江团十分不易。幸亏这一段江水还干净，没有污染，可以让鱼虾休养生息。附近的村民也很少有专门以打鱼为生的人了，过些年野生的鱼可能又会多起来。刚才我们网住了一条两斤重的鲤鱼就是例证，像这么大的野生鱼连船老大也有很久没有碰上了。

我们在那一段江面的石窝子里找了很久，一条江团也没有发现，只得往下游漂流。漂到一处村镇，船泊在码头上，就有人挑了一担西瓜送到船上。来人是船老大的兄长，在江边的坡地上种西瓜，他指给我们看，果见对面山坡上是一片片的瓜田。令人惊喜的是兄长还提了两条江团，说是他昨夜下河去逮的。真是踏破铁鞋无觅处，得来全不费工夫。船老大让幺三娃去镇上李家酒坊抱了一坛子高粱酒回来，这酒在附近这一带非常有名，都叫它李家跟斗酒，山民们喝了它要打跟斗。

那一天满船的人从下午一直喝到半夜，一锅鱼连汤都喝干净。后又去镇上砍了两只烧鸭子，切了一些卤菜下酒，醉得一个个缩在船上，第二天是怎么返回的根本没有记忆，一路上我都没有清醒，船是怎样过的险滩，船夫们又是怎样喊着号子拉纤逆流我都不知道。只是在梦里不断回味着那锅鱼汤，里面煮过鲤鱼、巴巴鱼和江团，那真是人间的美味，包括那坛子跟斗酒，也算是琼浆玉液，美食存在于四野。

# 成都人的家园感溶化在茶水里

　　成都人大多不喝饮料只喝茶，原因是饮料使人信不过。对于那种香精加色素勾兑而成的液体，喝过之后连嘴皮子都泛红的汤汤水水，成都人无论如何不愿意让它流进自己的躯体。人的躯体不是街面上卖的饮用水过滤器，人对于自己的肝肾要倍加保护，这些脏器陪伴人们度过一生，要替人们过滤掉那么多毒素，人们毫无理由再使它们蒙受多余的负担。何况，任何浊汤只要安上一个好听的名字，请几个只数银子不负责任的戏子"广告"一番，就能够猛赚大钞。而饮者一旦染病，则将加重家庭的财政负担，等于把内脏推上菜板。

　　茶就不同了，它是天然的。

　　气功师讲究气场，巫师崇尚图腾，岛国人热衷于茶道，这些都是需要在气势上压人，在手法上迷惑人，在精神上统治人。但住在宽敞大陆上的成都人近来也喜欢上了排场，喜欢喝坝坝茶的成都人也要把茶馆开成茶庄、茶坊、茶堂，而后经过一番装饰，仿佛发了气就算气场，喷过火就可以请神一般，茶庄也都纷纷更换门庭：竹椅换成沙发，茶博士变得摩登，掺茶改成表演茶道，卤肉夹锅魁变成三明治等，这么一变将饮茶变成了暴发户的专利，而将真正的"茶客"被拒之门外。

　　在成都最有品位的茶客是文人，最忠实的茶客是市民。

　　你怎能指望文人花上百元去消费一杯清茶，市民更不可能动辄泡在茶吧里。他们需要大口饮茶，扇着大蒲扇，高谈阔论，这是他们的生活方式。让他们坐在有空调的沙发上窃窃私语，交头接耳，这是让人无法忍受的。

在成都生意最好的总是河边的露天茶馆，许多文人哪怕开着奔驰也要光顾这种茶馆，这已不是高级与低级的问题。

大款们也要喝茶，但那只是一种生理需要和夸富心理的需要，所以茶馆变成了麻将房，变成了染缸，变成了人欲物欲横流的名利场，茶也变成了酱汤，变成了同饮料一样需要加香精和色素才能灌进口中的浓酽液体。

但茶恰恰是清淡、高雅、醇厚、寡甘、透明和无欲的东西。

喝这种液体要清风徐来，要喜苦待甘，要清心寡欲，要懂竹林七贤和梁祝，最好在喝时手里握了一本德莱塞的《天才》或是马尔克斯的《百年孤独》，心里正在吟唱拜伦的《恰尔德·恰洛尔德游记》，用的是贝多芬《月光曲》的意境和调子，只有这时才真正需要英国人叫作"tea"的东西。对于人来说，tea是利尿剂，是吸附血中杂质和过滤思想中毒素的纯物质，它同氧气、水、蛋白质一样重要。

可气的是大气在被污染，蛋白质也被各种饲料演绎得变性，如今又把茶连同载体茶文化也搞得面目全非。人们呼吸有害物质超量的空气，喝漂白粉味很重的水，吃几个月催肥的猪肉，再饮勾兑过的茶汤，还奢望保持人的品位和质量，这真是自欺欺人。

成都人的家园感溶化在茶水里。几千年来成都话的语音在变化，成都人的口味在变化，成都人的审美感在变化，而唯一不变的就是"吃茶"的习惯。成都人所谓的"吃茶"是真正意义上的茶文化，是对一种液体纯正的吸吮，这种液体进入人体又产生了一种精神，这就是"成都情愫"。有人说我不懂成都，高人劝说"吃茶去"；有人说我已懂得了成都，高人还是说"吃茶去"。一点也不懂，还莫名其妙，更要吃茶去！这其实是一句禅语，意蕴深奥，"吃茶去"代表了成都，从某种意义上说到成都去就是去吃茶，连茶都不吃还到成都来干什么。成都就是泡在茶里的城市，几千年来这里的人呷茶、谈茶、品茶，还要论道。也许他们一生都没有论出个所以然，但他们一生没有停止过品茗。

英国人喝下午茶，同广东人喝茶在时段上有区别，在情趣上也有伯仲之分。英国人算是欧罗巴人中顶喜欢茶的民族，他们的供应地并不是中国而是印度，印度人通过茶马古道搞到了中国的茶，被殖民主义的英国人弄去当成一大嗜好，英国人正是以炫耀各种嗜好以显示自己有绅士品位而著称的，这是具有悲剧的开场和喜剧的结尾的一幕。德国人滥饮啤酒，俄国人贪恋伏特加，法国人大呷咖啡，美国人干脆将五花八门的饮料灌下去，比起来，我们中国人还坚守茶的阵地算得上是有操守和信念的。只可惜我们要把这种老少咸宜的东西包装成茶庄中成百上千元一壶的"太空"级消费，这是异化和错位。什么东西一昂贵就容易使人犯罪，譬如黄金，本是一种普通的金属，一昂贵就发生了许多金案，什么东西一昂贵就使不法分子动了邪念。茶亦如此。

饮茶的最高境界是在蒙顶山上喝五毛钱一杯的新鲜毛尖，泡茶用的是山上的泉水。坐在竹丛之间，山风轻拂双面，有一队大鸟鸣唱着列队而过，又有友人朗诵老庄经典，文人们总是在这种境界中构思那些癫狂的文字。在山上文人写得很不轻松，但绝对没有杂念，如今从文字中可以捞到多少好处实不敢望，文学本身就是清茶一杯，越喝越淡，会给人什么好处？文学像茶碱般侵入了文人的神经，病毒般伏在他们精神的深处，在旁人眼里他们是一群患者，而他们自己却以精神充实而自豪。文人不值钱，也就没有多余银两步入茶庄，但茶是他们的血液，茶馆是他们的阵地，茶友是他们的精神依托，他们可以失去名利场、舞场，但绝对不能失去茶场。

茶可以清理脾胃。英国人午后讲究"午后茶"，这是绅士的标志。下午茶就更加讲究，他们不仅喝茶，还要佐以多种精致的蛋糕和甜食，这一点与广东人的早茶相似。英国人的下午茶之丰盛往往压倒了晚上的正餐，如果没有晚宴，下午茶就是一天中最考究的活动。人们在下午茶上可以吃到布丁、泡芙、松糕、吐司，还有烙饼和各色果酱。讲究的人家还在下午茶时上一道牛肉饼，这又酥又香的牛肉饼很容易使人忘掉正餐，如果上了啤酒和葡萄酒，人们就会佐以炸鱼条，这是用鲈鱼切成柳条裹上鸡蛋和面粉用油炸酥的小吃，上面滴了柠檬汁，美味可口。

成都人被邀请参加了这种礼仪活动，使深谙吃文化的成都人打开了国际吃文化的眼界。

英式下午茶被英国人视为他们悠远文化与贵族风范的帝国文化精髓，成都人却并不以品尝一下英式下午茶或举行茶会为心目中享受贵族式悠闲精致生活的最佳方式。英国人常把"自我享受"和"慢生活"挂在嘴边，这一点与成都人大同小异。整天忙得脚不沾地的人丧失了生命中许多宝贵的东西，所以，享受一下英式下午茶，注重一下人与人精神的交流是一种人生质量的提升。

在古代，贵族的下午茶是贵族的专宠，因为好茶难求，茶叶都是从东南亚或中国进口的，遥远的路途使运费昂贵，直到英国的约克郡也可以培植上好的茶叶之后，这种情况才有所改变。到了今天，茶叶不再是什么奢侈品，一般百姓都可以享受这种东方饮品。优雅的下午茶走出了贵族的庭院，来到了寻常百姓家。一般百姓的下午茶既保持了贵族茶会的精致高雅，又摒弃了过时的繁文缛节，轻松愉快，而无上流社会的那种虚伪奢华。

现代的下午茶大多转移到茶馆或酒店，不再在家里举行，这节省了在家里布置的时间和制作各种点心的麻烦，最重要的是客人一多，对茶的要求五花八门，主人难以满足。茶馆里客人可以根据不同要求点茶，这方便了许多。有些人喜欢中国茶的清香，有些人喜欢印度大吉岭红茶的口感，有些人喜欢的是英国本土产的约克红茶的月桂甜蜜，不疏不腻，恰到好处。这些在茶馆里都可以解决。

喝茶讲究精致的茶具，好的瓷器只有贵族人家才能置办，一个茶

叁 美食存在于四野

会要换多套茶具，这在平民百姓家根本办不到，这也是下午茶要移师宾馆茶馆的原因。点心也要照顾难调的众口，好的茶点显示的是主人的品位和厨师的手艺。各种茶点品种真是太多了。成都人同英国人一样舍得把时间泡在茶馆里，特别是成都的小资们喜欢的就是这种来自英国的品茶格调。

几百年前中国茶传入欧洲，万里之外的英格兰一位名叫安娜玛利亚的伯爵夫人成为知茶懂茶爱茶之人，后来，喝茶这一风气逐渐在贵妇人中流行，她们开创了喝下午茶的先例，并使之成为一种社交方式流传下来。正式的下午茶从下午四点钟开始，其中有一整套的英式礼仪。正统的英式下午茶装点心的瓷盘是三层，第一层装的是三明治，第二层装传统点心，第三层放蛋糕和水果，人们从下往上吃。

成都人喝下午茶讲究没这么多，他们要一杯咖啡，再要一杯竹叶青，然后吃着各式点心，可以一直吃到晚上十点，吃完后，他们挽着女朋友去看夜场电影，看完出来已是午夜，再在大排档宵夜，而后才回家上床，成都人永远都是撑得饱饱地入睡，但他们并不肥胖，如此狠吃狠喝不膨胀并没用什么秘方，这是习惯使然。

# 成都浸泡在琼浆中

# 成都浸泡在琼浆中

中国的茶馆和酒馆有一半在四川，而四川的茶馆和酒馆有一半在成都。川人善饮，他们除了喝茶就是喝酒，很难有时间去喝别的东西。

据统计，成都上档次的茶馆和酒馆就有上万家，其余的小茶馆、小酒馆、坝坝茶馆、苍蝇馆子（简陋的餐馆）、农家茶馆真是多得不计其数。成都是浸泡在茶水和酒水中的城市。同时，成都也是中国酒类的大消费场，亦是咖啡的主要集散地之一。法国的红酒和德国的黑啤也深受成都人的钟爱，乃至于星巴克、哈根达斯或可口可乐，每一种品牌在成都都有巨大的市场。

中国的十大名酒多数产于四川，四川亦是中国名茶著名的产区和消费地。成都男人有几个不是酒仙？又有几个不是茶客？成都人在茶馆里搓着麻将，在酒馆里享受人生，成都被这两种液体浸泡着，变得无比的润泽，连空气中的湿度也比别地大得多。

成都人坐在玉林生活广场，坐在天鹅湖畔的国际会展中心或北湖、东湖，坐在华阳的府河边，特别是冬、春、秋太阳出来的日子，人们奔走相告，早就电话联系好了，城里人倾巢出动，浩浩荡荡地涌向"幸福梅林"和"国色天香"，涌向"荷塘月色"，涌向雅安的青衣江边或都江堰的虹口。所有的左岸或右岸都密布了茶客、酒客、咖啡客，又统一变成了麻客，他们大杯大碗地喝着各色琼浆，斗着地主，打着血战到底，成都一片升平，一派莺歌燕舞，尽显和谐社会的融合和温馨。

成都人的生活节奏很慢，他们泡在琼浆中，把人间的日子当成天堂的日子来过。其实各地人的生活压力相差无几，成都人与外地人并无二致，但成都人的心态不同，有了十万二十万就把铺面打给别人，自己喝一点闲茶，啖一口小酒，过的是轻松的日子，不似有些人，有了十万想百万，有了百万要挣千万，结果一招不慎连血本都赔出去，只好杀红了眼睛从头再来，但是百万千万的家私并非说挣就能挣到手的，人们像热锅上蚂蚁般上蹿下跳，哪里还会有休闲的情致。

品茶品的是一种心情，喝酒喝的是一种情怀，至于猛灌各种饮料这就是典型的无情。成都人将大把的时间泡在酒水茶水里，这是成都的城市氛围和地理环境因素决定的。外地人在股市搏杀，在名利场角逐之时，成都人正浸泡在琼浆中安然自得。外地人说这充分证明成都人的不思进取，而成都人则认为外地人不会生活，这就是态度决定一切，不同的生活态度决定不同的生活方式，孰优孰劣，只有天知道。或许此时，蒙山上的茶馆里正有一群诗人在吟诵着2300年以来成都从未间断过的诗篇，一队大鸟从天空成"人"字队形飞过，那鸣叫和着诗人们的吟哦之声，这正是成都人追求的生活方式：散淡、闲适而又精神富足。

成都本身就是一个诗歌的大码头，是文人的坛场，是天下散客的归宿地，因为这里曾有五十余处大水塘，有两百多座古桥，有万里桥和九眼桥等著名的码头泊船处，更有举世闻名的川酒川菜和著称于世的蜀绣，更重要的是成都有别具一格的水文化，成都被浸泡在琼浆中。这琼浆来源于高山大川之中的岷江之源，来自都江堰，来自川西平原的水网地带，一千条大河和溪流流经这片被油菜花和水稻、荷花、竹林覆盖的平原，生活在沃野千里中心的成都人民可谓极乐无比，这里水旱从人，没有饥馑，人民富足，风调雨顺，插一根木棍也会长出一棵巨树，浸泡在琼浆中的人们无比滋润。水是成都人的生命之本，犹如船行河道，鱼翔浅底，水缓缓而来，承载着生命之舟从过去航行到现在，又驰往未来。

成都人吃着美食就要以酒相佐，美食和美酒从来就是一对伴侣。成都产美食又产美酒，这首先是因为成都的水好，这是高地上流下来的雪水，带着高地的坚硬，当流经温暖的成都平原之后，又变得甘美和细腻，正是这种综合效应使成都的水资源比别地更丰富，更独特。用这种水养人或者养花，甚而至于酿酒或者煮肉都一样滋养和甘美。成都美女之所以如此美貌，皮肤如此白嫩，腰身如此苗条，同成都的美食、美水分不开。

　　成都过去拥有许多条通航的河道，特别在锦江之南的南台寺和华西坝一带，河面宽阔，梅林成片，是成都著名的风景区。岸边几千株大榕树、上万棵垂柳和数不清的银杏在晚风中拂动，舟楫往来，渔歌唱晚。人们坐在岸边的酒肆茶楼里，长安的来客们乐不思归，江南的文人骚客更是如鱼得水。在以种莲藕而闻名的上中下三个莲池和小淖坝，成都人喝着茶，摆着玄龙门阵，这样的风景同样在千秋池、龙堤池、天井池、柳池、白家塘、王家塘、洗马池等无数的河道串联起来的水塘边呈现。成都的水道是"漂着木，载着舟楫，岸生杨柳，河里漂锦，水中游鱼，孩童戏水"的天河圣水。

清末成都锦江风景如画，充满诗情画意　来源：郑光路文物市场所购日本画刊

肆　成都浸泡在琼浆中

当年的锦江是"斧者汲，垢者沐，道渴者饮，行者泙澼，园者灌，濯锦之官，浣花之姝"的美妙水道。连当年马可·波罗来成都也叹为观止，这位来自水城威尼斯的意大利行侠，见了街道两旁纵横交错的大小河道，见了渔人捕鱼的鱼老鸹，想起了他的家乡威尼斯，这些使他流连忘返。威尼斯是一座地处亚得里亚海岸的水上之城，而成都则是一座被河水包围的水城，海洋文化造就了意大利典型的欧罗巴水城风貌，浪漫而引人入胜，盆地文化则使成都成为最抒情的东方休闲胜地，在这里，上万家的农家乐和酒肆茶楼为人们提供品种繁多的名酒好茶，文人们在坝坝茶馆中慢啜细饮，市民在吊脚楼上观景，商人在廊桥上贸易，河风吹来，引来无尽的畅想，才有了杜甫的诗兴和薛涛的绝句，才有司马相如和卓文君千古流传的爱情绝唱。

清末成都上游江河上的廊桥　　　摄影：［英国］伊莎贝拉·伯德，1904 年

成都是文人的成都，三岁垂髫尽吟杜诗；是天下倦鸟的密林，它们在这里养足了精神，调好了心态，又将走出夔门去干一番大事业。

在成都，整个府河、南河、沙河岸边都是喝茶的好去处，围绕百花潭一带，被成都人叫作干河的沿岸水岸亦是啖茶之所。成都附近有几十座小镇，不管是古镇黄龙溪还是客家文化的集散地洛带，也不管是花木之乡友爱村，还是温江的万春镇，更不必说有"成都普罗旺斯"之称的红砂村、幸福梅林和荷塘月色，也不必说新津的梨花溪以及都江堰的虹口和青城山……成都可以休闲的去处实在太多，在这座平原上终其一生也无法享尽那么多的美食美景。成都美女亦是一个著名的品牌，她们来来往往，穿梭在这些美妙的场景之中，为你的休闲增加了无限的色彩。

郫县的三道堰是成都的取水处，有多条河从这里流过，河岸边汇聚了无数的茶客、酒客和文人骚客，水拍打着河岸，几乎要漫上堤来，谁见了这么好的水都忍不住要掬一捧起来倒入口中。那水果然甘甜，还带着高地上山花的芬芳，甚至可以品出山核桃、茂汶苹果和米亚罗红叶的香气，这是世界上无数的大都市无法享受的待遇。

成都是一座美女如云、美酒如浆、美食如饴、美景不尽之城。每天有那么多的琼浆等待着人们入口。刚刚才去了成都的普罗旺斯三圣乡，又有"采菊东篱下"的大片菊园在等待人们，还有双流的葡萄园和龙泉的桃花沟、温江的花博会……成都有成千上万的农家乐和餐馆饭店，你永远也吃不过来。你沿着都江堰灵岩山的森林小道攀登而上，在山上泡一壶不知名的山茶，深深地吸一口山上清新的空气，然后慢慢地呷一口茶水在口中，这是用涧水冲泡的琼浆，这时你会确确实实感到作为成都人的巨大幸福。还有那土鸡炖的白果，还有那松枝薰过的老腊肉和刚刚采来的马齿苋、水芹菜、鹅脚板、灰灰菜、折耳根等野菜，这时你喝一口用猕猴桃酿的果酒，你会惊叹它的美味无穷。

在夏日的傍晚，都江堰沿河两岸是成千上万喝夜啤酒的成都人，每天光是兔脑壳就要消费 20 万个之多。每一张酒桌上都在摆着成都的龙门阵，这是成都的近乡夜话，都江堰就是成都的后花园，成都人生活在鲜花丛中，被琼浆浸泡着。成都人永远都不愿醒来，他们甘愿在这琼浆之中安乐一生。

# 柔水之城

河道是一个城市的命脉，水则是城市的血液。中国历史上无数的大城都因为缺水而失去了往日的兴盛。上海的兴旺是因为她处于长江三角洲地带，这是世界上著名的水网。广州地处珠江三角洲，使她一度执中国经济的牛耳。世界上所有的兴旺大城都近河近海，这是毋庸置疑的。成都之所以建城2300年而不败，首先是得益于岷江的滋润，得益于世界最著名的水利工程都江堰灌溉系统的供水。

成都之水富含矿物质的同时又是一种弱碱性的水，特别适合酿酒、泡茶，人体不断冲洗排除了污物，人一感到瘠肠寡肚，就要吃肉，成都人三天不吃肉就顶不住了，这是水土的原因。要吃肉就要研习，这又促进了川菜的烹饪水平不断提高。成都产茶、产酒、产酱油、产豆瓣……但不产好醋，这也是水土的原因。

成都旧时没有自来水，市民日常生活用水除了河水就是井水，也有在雨季积存下来的雨水。井水不能泡茶，味道不正，雨水也不适宜泡茶，要经过蒸馏和储存（用坛子封存）。泡茶必须取河水煮沸。取河水也有讲究，要取河道中间的水，这种水最清澈。还必须在晴天取水，以免雨后水浑。最好是在黎明时分取水，这时没有人在河岸洗衣淘米，河水干净。取来的水先要澄清，讲究的茶馆都有自制的滤水器，一般都是一个大水缸，水缸分五层铺了细沙、粗沙、小石子、木炭、细树枝，水经过这几层过滤几乎除净了杂质。但即使是这种水也不能隔夜，再干净的水放置时间过长也不是好水。用这种河水泡出的茶是真正的香茗。今天枯水期有的地段几成死水，水质也严重污染，要得到这种水只能望河兴叹。

成都的另一个重要水源就是井水。成都的地下水位高，过去挖地三尺就是水，所以成都的大街小巷布满了水井。井水冬暖夏凉，特别适合酿酒和熬汤，成都许多的名酒就是用井水酿出的，譬如郫县的"鸳鸯井"造就了著名的郫筒酒，全兴酒最早的水源就是取自著名的薛涛井，所以叫薛涛酒。后来全兴酒为了扩大市场，在暑袜南街找到一口古井，水质清亮澄澈，于是买下这口井和周围一大片空地，用此井水新酿的酒就叫全兴酒，并流传至今。

过去成都城东南的王家坝街和龙王庙街附近有条小巷，叫铜井巷，这条街的得名就是因为街口有口水井，井中又铺设有几个铜铸大铜钱，甘洌的井水从钱孔中漫出来，不仅滋养了整条巷子中的居民，还滋养出一种著名的小吃——"铜井巷素面"。这种面并没有什么诀窍，除了用的是特别的甜红酱油外，和面自然用的是铜井中的井水，和出的面细而耐煮，软硬适度，与众不同。

说到水井，成都有一条街就叫水井街，顾名思义，这条街的各家各户都打井。水井街临着河，所以打井很容易，每家每户每个门洞门楣卜都钉着一个井字牌，表明这里可以取水灭火。遇到河水的枯水期，没有水井的街巷居民也可以直接去钉有井字牌的院中汲水，不用付费，甚至连招呼也不用打。

1908 年成都集股修建劝业场，公推樊孔周为筹备负责人，于1908 年 7 月动工，1909 年 4 月 22 日竣工开场，这是当年成都第一大商品集散的卖场，不仅轰动全城，而且在整个中国西南也是独树一帜。在周孝怀的主持下，樊孔周等人又联合成立了利民自来水公司，从南门的万里桥下锦江中抽水，用管道输送到各处。劝业场水池建在华兴正街，场内用户还得雇人去蓄水池挑水，被嘲为人挑自来水，但在成都也算是开天辟地第一回有了自来水。

成都当年有专门的挑水夫，虽说每一条街巷和大的院坝都有水井，但河水才是首选的好水，所以就有挑夫专门替人挑水以供应家用。特别是酒馆和茶馆，用水量大，光雇挑夫就是一笔不小的开支，所以说自来水的出现使成都人的生活发生了重大的改变。水在成都是一种丰富的资源，不稀缺。关键是成都人总是认为自己的饮食特别可口，包括茶叶特别回甜，这正是因为成都的水好水丰，这也是成都得天独厚的优势。

1950年后的成都金河

# 成都酒液的绵远流长

　　酒好首先要水好，其次是配方和勾兑诀窍。成都的水好自不必说，不论是府南河的河水还是井水都是酿酒的好水，它们成就了成都酒的浓香、甘洌、醇厚、清新、口感爽适，下喉滋润，不烧心，不辣喉，醉后头不痛，口不干，连打酒饱嗝喷出来的回味也是余香，而无酸辣辛燥的特点。川西平原不仅气候温和湿润，物产丰富，水丰水美，且酿酒的历史久远。公元前400年这里就有酿酒的历史记载，而三星堆的酒器足以把成都的酿酒历史推前了上千年。

　　早在东汉成都就开始用蒸馏技术酿酒。当时最著名的传说莫过于"相如涤器，文君当垆"。每年10月的酒市，都是成都人开怀畅饮的节日。

　　清末，成都有烧房496家烤酒，它们多为外省人所开，这其中有一多半为陕西人。清末民初，成都大曲以暑袜南街全兴烧坊和提督西街魏家祠永兴烧房最为著名，全兴大曲直到今天仍是成都酒业中的集大成者。当时酒的计量单位以"墩"计，每墩约为4斤半，用竹篓装，猪尿泡蒙之，酒不会散味溢出，便于携带和运输。当年成都就是一座酒城，犹如今天的邛崃。一入城，甚至还在城外就有酒糟味扑鼻。当年成都的暑袜南街一带就是这种情形，一进街口就有酒香飘来，尤其是碰到烧坊开窖取酒，其酒香弥漫了空气，酒客们不饮自醉，连呼过瘾。

卖酒的允丰正设点在冻青树街，专售重庆生产的黄酒，据说邓锡侯就是饮黄酒的好手。黄酒是仿绍酒，仿绍兴的花雕。在成都卖眉山仿绍酒的是宏仪号，太和号酱园也生产黄酒，要窖 10 年才上市，所以味道浓厚。提督中街有一处专卖老酒的，人称"耗子洞"，在狭窄的巷子里，用大锡壶盛老酒于炭火炉子上，以茶碗量酒。每至冬日，无数穷人苦力就来此饮酒御寒，就着几粒花生、胡豆之类，两三大碗下肚便周身暖和。

　　谈到全兴酒，最早还是在清朝的乾隆年间，成都老东门外两个从陕西凤翔来的王氏兄弟所开办。他们的作坊开在老东门外的水井街，师傅也是从陕西老家请来的烧酒师傅，起名叫"福升全"。所用的水是府河中取来的河水，酿出的酒极平常，后来他们改用薛涛井的水来酿制烧酒，果然甘洌。但从水井街到望江楼的薛涛井取水路途较远，王氏兄弟每天雇了许多挑夫从薛涛井汲水挑到水井街的作坊去，这不仅麻烦，薛涛井的水位亦下降，影响了附近居民的生活。王氏兄弟改用一半河水一半井水，用这种调配好的水来酿酒，不料这一实验所酿出的酒与以往单用河水或单用井水酿出的酒大不一样，不仅更香，还透亮。整条水井街成天浸透在酒香之中，街中的人们都醉醺醺的。全城的人都循着酒香而来，把酒坊围得水泄不通，都来打这种烧酒喝，并把它叫作"薛涛酒"。

　　到了道光初年王氏兄弟的生意已做得很大，他们在暑袜南街找到一口古井，水质比薛涛井还好，王氏兄弟便把水井街的酒坊迁到暑袜南街，改"福升全"为"全兴成烧房"。全兴成烧房生产的酒自然叫全兴酒，全兴酒装在那种大酒坛子里，在成都城的各个角落里都有销售，成都有名的饭店菜馆也都出售这种白酒，酒客们不仅喜欢它的甘洌醇香，而且以喝全兴酒为一种习惯。

　　有好酒的城市必有好菜，喝着美酒自然要以美食辅之，这是一种相辅相成的关系。那种出产劣酒的地方也找不到什么美味的佳肴，人们的口味粗糙，哪怕是酒精也可以倒入口中。成都人绝不这么干，数百年来他们的嘴巴被那些大厨训练得十分刁钻，略有不顺就能有所感知，所以，自古以来敢于在成都开馆子的都是技艺精湛、勇气可嘉的人。

有一年冬天一个寒冷的夜晚，有人走了一个穿城来全兴酒的烧房打酒，他走过了邓兴泰、金源长、拔翁云、永兴敬等烧坊连停也不停，一门心思只打全兴烧坊的酒。当时全兴酒店里酒坛子全空了，酒都卖光了，但客人就是不走，一定要买到全兴酒才肯返回。无奈之下老板只得派人去库房取酒，不料酒缸掉在地上酒洒了一地，流淌的酒液就着灯笼的火苗燃烧起来，并引燃了整个库房，当时库房里有许多大酒坛子，一个个被烧得炸开。库房的隔壁是白相庵，就连那边的建筑也被引燃。大火中全兴酒的气味随着火焰的升腾传遍了全城，全兴酒烧坊被烧掉了一半，就连附近的建筑，包括白相庵也不能幸免，但意外的是经过这一场大火，全兴酒的名声响彻了全城，人们都知道全兴酒的美名，那空气中弥漫的气味就是最好的广告。

郫筒酒也是成都的名酒，它的历史比全兴酒更早，从唐代到清代，郫筒酒的名声都盖过其他所有的酒。它"清冽彻底，饮之如梨汁蔗浆，不知其为酒也"。连大诗人杜甫也有诗赞美此酒：

鱼知丙穴由来美，
酒忆郫筒不用酤。

北宋诗人苏轼与朋友久别重逢，也要一起痛痛快快地喝一回郫筒酒，方能表达其真挚的友谊：

所恨巴山君未见，
他年携手醉郫筒。

南宋的大诗人陆游在四川为官 8 年，回到故乡绍兴喝着绍兴的美酒，仍然不能忘记在四川喝郫筒酒的感觉：

未死旧游如可继，

典衣狱拟醉郫筒。

郫筒酒美名的传扬与魏晋时期身为"竹林七贤"之一的山涛分不开，他毕生以诗酒清谈美名传天下。晋朝时山涛在成都当郫县县令，他一生嗜酒，但郫县小地方的酒并不好喝。当时县衙中有一花园，花园中有两口水井，一口圆，一口方。原来这是古蜀国的遗迹，叫鸳鸯井，相传是古蜀国的臣民为怀念杜宇夫人挖的。两井相通，在方井中打水，圆井的水要动；在圆井中打水，方井的水要动。山涛叫人打来井水尝一口，果然甘洌，舀了一勺兑入酒壶，原来又苦又涩的劣酒变得醇和甘甜了。这就是水的作用。

郫县是产竹子的地方，人们爱用竹子作为盛器，于是，山涛叫人用竹筒盛酒，酒中便有了一股竹子的清香之味。将酒灌入竹节间打了孔的竹子，用芭蕉叶子塞好，喝时从竹筒中倒出，这样又甘甜又便于携带。在山涛的倡导下，郫筒酒便名扬四海。

# 成都茶馆的演变历程

成都是茶马古道的起点，云贵川藏的茶商都要汇聚到成都来，自古以来这里便是中国西南一个大的茶叶商品集散地，四川产的茶叶沿着茶马古道可以到达藏地和印度，往南可以到达南诏国（大理），并从这里贸易到越南和整个东南亚。成都人清早一起来就要喝茶，叫作早茶，这是洗肠胃，更有下午茶，这是茶馆里最热闹的时段，哪怕到了晚上人们还要泡一杯酽茶，目的是泡在戏园子里或茶馆中听川剧或评书。

成都人干什么都叫作"喝茶"。人们请客吃饭、打牌、洗脚、公务都在茶馆中搞定。泡茶馆是成都人的生活方式，成千上万的茶馆没有哪一家不热闹，生意不好的茶馆只要一改头换面，生意马上又会兴隆起来。

茶馆是成都人的办公室，人们搬家到任何地方都要先侦察附近的茶厅，看这利不利于办公，选好地址后就找老板买卡，老板一听有这么拥趸的茶客，天天都要来他的茶馆办公、会友、午餐、开沙龙，还要请记者前来采访，乐得嘴都合不拢。开茶馆讲的就是热闹，没人来花钱，就算雇人也要雇来，以图造成一种热闹的局面。茶客爱凑的就是热闹，冷清的茶馆茶客是不进的。

成都人爱在茶馆里泡，一杯茶可以让他们从早晨坐到晚上，途中，他们还不断打电话招人，对人家说这家茶馆的粉蒸肉好吃，我请你吃嘛，你赶紧来！怕人家不来又说我有打折卡，把你肚子撑破也才几十元钱，茶又好，是资格的明前茶。

外地人爱在家里喝茶，在办公室喝茶，以至于自己随手带着一个杯子，成都人不屑如此，就算家里有的是茶叶，哪怕都被闲置得生了霉，他们也要去茶馆里泡，他们要的就是这种感觉。茶厅是成都人的客厅，有空调不怕冷热，有泡菜炒饭不畏饥饿，有源源不断的茶水流进他们的肠胃，滋润着他们的五脏六腑，使他们的大脑这架机器不至于死机。人们在茶馆里睡午觉睡得吹嘘打鼾，睡姿不雅也不在乎。还有一些人在家里根本睡不着觉，一走进茶馆就打哈欠，瞌睡就来了，这是气场所致。

人们在茶馆里听小道消息、写作、摆龙门阵，其乐无穷，反而在家里会才思枯竭，不仅写不出东西，还心慌意乱，坐立不安，只盼着有三朋四友的电话打过来招呼，说某某地方又开了一家茶馆，按摩师的手艺简直不摆了，于是便可飞奔而去，一坐下来把茶呷一口心就安了，连皱纹也舒展开来。家里人很不理解这人得的是什么病，性子这么野，家里有书房有电脑，又没有人打扰，却还要去茶馆给老板贡献银两，这不是败家精吗?! 其实这是家人无知，演员要有舞台，模特要走 T 型台，茶客不在茶馆里泡还叫茶客吗?

当今的成都茶馆装修得一家比一家气派，有些还有楼顶花园，茶客们霸占着临街的位置坐在城楼观山景，街上人流如潮，来来往往，茶客们把他们当成戏来看，看累了忽然冒出灵感，一篇文章就起坎了。久而久之，附近茶馆的老板都认识了这位年龄不大，还是一位网络写手的老茶客。如今在成都坐新茶馆的大多是年轻人，老年人都去了老茶馆，喝的是坝坝茶，图的是便宜。越是高档的茶馆越吸引年轻人，他们点一桌子的零食，要的多是咖啡或苏打水，他们喝着饮料，吞着冰淇淋，甚至品着波尔多红酒，高谈阔论，议论着世界杯的赛事，但你不要以为他们很洋盘，只要幺师一走出来表演茶技，他们一个个伸长了颈项看得津津有味，以至于哪一位茶博士的业务不熟练也会被他们看出破绽。茶馆给人提供的不仅是茶汤，还有素材。

有一种茶客进茶馆要的不是茶，也不是饮料，而是凉白开。一杯白开水要价二三十元也无所谓，他们照来不误，他们要的只是环境，而不在乎喝什么。他们声称喝了浓茶睡不着觉，所以只喝三皮叶子的淡茶，这仅是对水的点缀而已，甚至于要了一杯茶连一口也没有抿过的也大有人在。老板一见他就要扯起喉咙吼道：

"那个喝寡茶的胖子又来了，给他上一碗淡茶。"

把日子过得酽茶一般是一种方式，过得似白开水一般亦是一种方式。

旧时茶馆的茶客茶喝通了，就喊幺师去叫一碗担担面进来享用，担担面都是用担子挑了在街边叫卖，茶馆里有人招呼就弄好了送进去。蛋烘糕也是先就调好了面糊糊，茶客一喊来两个芝麻花生的，挑担者就放下担子，将炉子里的火升旺，将小铜锅放在火上，鸡蛋面糊倒进去，在炉子上烘烤，一条街上都弥漫了又香又甜的味儿。挑担者将锅里烤的薄饼揭起来，只见金灿灿、黄澄澄、软绵绵、香喷喷的锅贴用油纸包了递上来，茶客迫不及待地一口咬下去半个，一边咂着嘴说好烫，一边已三下五除二将一个蛋烘糕吞完，然后大喊过瘾，还说再来一个核桃仁加蜂蜜的!

另一种街边的小吃就是珍珠圆子，它由七成糯米和三成籼米磨制而成，里面的馅有黑芝麻、豆沙、枣泥、桂花、玫瑰、蜜饯、冰糖、猪油、红糖等，放在灶上蒸熟，揭开盖子，香气四溢，珍珠圆子一个个又白又亮，每一个上面点缀一枚红樱桃，茶客在泡了一上午茶馆，口水话说了一箩筐，正在饥饿之时，来一碟子珍珠圆子，口感自然妙不可言。在茶馆附近叫卖的小吃还有叶儿粑、热糍粑、卤面等，而最令人难忘的当属蒸蒸糕。

蒸蒸糕之所以令人难忘是因为小贩们敲击的梆子声："梆，梆梆!"这是在兜揽生意，只要敲击声一响起，茶客就知道是卖蒸蒸糕的来了。这是成都典型的早点和夜宵食品，一根扁担，前头挑着米粉原料、食具木盒，后头是火炉、木炭、铁锅。蒸笼是用麻柳树或泡桐树做的，这是很讲究的，树被砍倒晒干，在农历九月做成蒸具。麻柳树木质坚韧，受热不会变形，做成蒸笼后不致吸上木味，影响蒸蒸糕的质量。蒸蒸糕的原料是大米和糯米，按9：1的比例混合，在碓窝里冲成粉子，经箩筛筛细，炒熟，再筛，只取细粉装坛，蒸糕时用水将米粉发湿，用蚌壳作勺撮入蒸盒，上面加红糖或白糖、洗沙等，盖紧蒸笼，两三分钟就熟了，将其从蒸笼中取出装盒，色白泡酥，茶客们就着酽茶下肚，真是美味无比。关于这种市井茶馆，后面的文章还有描述，所以在这里不便重复，这里要着重表达的是成都茶馆的平民化。平民茶馆里包含的内容实在是丰富，所以许多市民可以成天泡在里面过得有滋有味。

成都人整天都泡在水里，不是茶馆就是酒馆，再不然就是澡堂子，毕竟吃够了喝足了就要洗干净，泡澡的主要任务是化食，只有这个时候嘴巴才能得到休息。

茶馆的附近总有那么一两家澡堂子，里面有那种大池子，每个池子的水温不同，可以满足各种人等的需要。有身份的人怕烫泡在温水池子中，出苦力的人不怕烫泡在热水池子中，人们隔着池子还在互相神侃，说："你知道赵尔丰的脑袋是咋个落下来的?"答："是陶泽锟用一把鬼头大刀砍下来的，真是寒光一闪，手起刀落，脑壳在地上滚了好远还在一张一合地叫骂。"这就是当年成都最典型的市井生活。在社会上人分了等级，但在茶馆里、酒馆中或澡堂子里是不分这些的，在这里只有茶客、酒客和浴客。任何人只要到了成都，不管你是土著还是移民，通通都要进入这个大坛场，并喜欢上这种生活方式。

在老茶馆附近还有一种生意就是炒瓜子花生，在街沿边上支一口锅，用旧砖搭起炒灶，再弄几个筛子和箩筐，就开始炒制豌豆、胡豆，冬天还要炒板栗，用制过的油沙将板栗炒得香喷喷的，将茶客吸引过来买去下茶。在成都有名的炒货就是老八号颗颗酥，他所卖的花生奇香扑鼻，至今仍是一个品牌。

老成都最负盛名的茶馆除了唱川戏的悦来茶社，就是锦春楼，许多名人如冯玉祥、胡愈之、谢添、巴金等都来这里品过茶。锦春楼有三绝：贾瞎子的竹琴，周麻子的茶艺和司胖子的瓜子花生。

每当客人进了锦春楼坐定，周麻子就会旋出，右手提一把铜茶壶，左手卡着一大摞黄铜茶船和白瓷茶碗茶盖，根据来客多少，多时可以拿 20 套茶具，这真是绝活。20 套茶具"哗"地一声就分别飞到客人面前，接着是茶碗，又飞入茶船，每个茶碗里准确地放了客人点的茶，哪怕是 20 多位客人也分门别类绝不会错。最见功夫的是掺茶的手艺，隔着一两米远水流就从铜茶壶中注入茶碗，把茶叶冲卷起来，桌子上、地上、茶船里不会有一滴水散出。茶泡好后周麻子不动声色，只用小拇指轻轻一挑，20 多只茶盖就已盖在茶碗上。周麻子简直就是茶艺大师，他的表演百看不厌，让人佩服得五体投地。现在的茶馆里缺少的就是周麻子这种茶艺师，喝茶同时也就缺少了诸多乐趣。老成都各色人等都讲究职业操守，哪怕掺茶也要玩出绝活。一座城市的声誉正是靠这些小人物维护的，那么多的手艺人都有绝活，这座城市自然光鲜而又亮丽。

贾瞎子的竹琴也是这茶楼的一绝，他字正腔圆，可以模仿战马嘶鸣、号角长鸣、刀剑铿锵，也可以抒情回环、婉转动人、百变无穷，而他靠的仅是一根竹筒，两块竹片，却有万千的表现力。贾瞎子的竹琴有许多粉丝，只要是贾瞎子演出，茶馆总是座无虚席，茶客们更是百听不厌。在贾瞎子竹琴演奏的间隙司胖子就提着竹篮进场，茶客只要用手在桌子上一敲，司胖子就会把一包花生或瓜子摆到茶客面前。司胖子的瓜子颗颗香脆，花生更是入口化渣，香气留于唇齿。锦春楼靠着这三绝成为成都最热闹的茶场。

川剧从古至今一直是成都的文化名片，也是令成都人陶醉的活色生香的盛宴。川剧自它诞生起就与茶馆结下了不解之缘。当年的川剧基本上就是在茶馆里演唱的。当年三庆会在悦来茶园演出吸引了众多的茶客，悦来茶园成了成都川剧的大码头和发祥地。劝业场内商铺、茶楼、酒肆、戏园、旅社一应俱全，特别是这里的戏园在周孝怀的主张下首次出售女宾票，男女客人虽然是分门进去，但成都女人这才和男人一样有公开进出戏园的权利。在戏园里一人一茶一座，服务生用盘子装着滚烫的毛巾，只要客人一喊，毛巾便会准确无误地抛过去，客人接到毛巾擦一把脸，特别是在夏天满头大汗，用热毛巾一擦就特别爽。各种小贩也提着各色小吃穿梭在戏园子里，台上在唱戏，台下更是闹哄哄的。戏一散场茶也扯白了，满地瓜子果皮垃圾，服务生赶紧打整，下一场的客人早已候在外面等待进场。

今天的茶馆都变成了茶庄、茶府、茶堂，它们比赛着谁装修得更豪华更气派。一碗茶少则几十元，多则上百元，甚至还有上千元一壶的极品茶，那种茶馆真正的茶客根本不敢踏进去。一千元一碗的茶水很不一般，水用的是峨眉山黑龙潭的水，还蒸馏过，茶是蒙顶山的极品贡茶，且必须在清明前几天下过雨后采摘，一棵茶树只采二三钱芽尖，泡之前还要用温水洗过。小姐穿着旗袍，指头上还戴着玉石指环，用银盘把茶具托出来，先用京腔报一遍茶名，再用英文复述一遍。她们根本不懂英语，只是死记硬背，她们用的又是自贡腔，所以被人戏称为自贡英语。这种英语不仅中国人听不懂，连外国人也无法听懂，但这样一来茶馆的档次就上去了。其实听不懂才好，听懂了就要惹事，世上有许多号称极品的东西都是让人弄不懂的，弄懂了谁还会当冤大头。最后小姐用成都话强调，这是茶中珍品，不仅壮阳，还延年益寿……听得茶客们一个个瞠目结舌，昏头涨脑，她们搞得这么烦琐，目的只有一个，证明这杯茶的千元价值所在。别以为没人吃这一套，还真有玩这种格调的主，他们请一帮子朋友来品这种高级茶，呷一口在口腔里涮一涮，很受用的样子，其实是忍着剧痛，口腔里有几个溃疡吃什么都钻心地痛，但为了玩派什么罪都能受。

茶客们虽然仍沿袭旧有的吆喝，并做出争着付钱的架势，但诚心付钱的毕竟越来越少。那种要面子又不想付账的"老砍"半天掏不出钱来。

如今成都的文人都爱到大慈寺去喝茶，大慈寺确实是个喝茶的好去处，它身处闹市区，却又是一个清静的院子。大慈寺不远的红星路上集中了许多的文化单位，无数的文人也都住在这一带，所以不约而同地前往大慈寺。你在大慈寺的茶馆里一回头就可以看见一个文化名流，甚至上厕所也要撞见一个作家或诗人。夏天在这里喝茶，有许多大树遮阴，冬天也不太冷，特别是在有太阳的日子，拿一张报纸读着，时不时摸两根牛肉干塞进嘴里，也算是很有意思的生活。大慈寺喝茶的除了文人多之外就是老年人多，这里几乎成了老年人的聚会场，他们中午去食堂点一份素餐，一杯茶坐到黄昏，这才晃悠悠地回家去，一边走一边还在邀约说："你明天还来不来？"那边回答："要来，要来。我女儿给我做了卤花生，我也要带来让你尝。"

成都人的生活就是在盖碗茶里泡着的。

# 用美水炼一锅靓汤

　　川菜给人的印象就是"明火执仗"，搞得又麻又辣，人们炒菜用的都是大火，花椒、辣椒都是一把一把地抓进锅去，油又重，味更重。川菜又麻又辣是有道理的。今天的人出门坐车，温饱不愁，泡在空调房中冷热不惧，大鱼大肉消化不了，身子都懒惰了，这样靠川菜又麻又辣地一刺激，出一身透汗，把湿热发出来，对健康是有利的。麻辣确实是川菜的特色，但清淡的菜品在川菜中也占据了重要地位，其中清汤类名菜在川菜中有成百上千种，烹制鲍鱼、燕窝、鱼翅或清蒸江团、青斑，或烹饪竹荪、猴头，甚至于做开水白菜、清水青菜头等靠的都是靓汤。麻辣其实并非川菜的精髓，川菜中最考手艺的是煨汤，是吊汤，之所以用煨和吊字说明这汤很费事。唱戏靠腔，厨师靠汤，有了一锅好汤便做成了半桌的佳肴。

　　有一回朋友请我去吃意大利菜，这之前我对意大利菜没有认识，以为比萨和空心粉就是它的全部，这实是大谬。朋友为我点了一碗肉汤，这小小一碗汤要价 70 元人民币，几口水就敢收这么多银子的行为，让我很不满。汤一端上来就更让我瞠目结舌，这也算是肉汤，清汤寡水，照得见人影。在我的心目中排骨汤要有排骨，鸡蛋汤要有鸡蛋，肉汤起码是连锅汤那种规格要有几片肥肉。但这碗要价 70 元的肉汤没有任何内容物，连油珠珠都没有。朋友还在一个劲地夸说这家店的肉汤水平越来越高，要知道熬一锅浓釅的汤很容易，要炼出一锅清亮的靓汤绝非易事。这使我想起过去当知青时所谓的汤就是在炒完菜后，将就那口锅的残余加几瓢水，撒一把盐，丢一点葱花即成，那实际并不是汤而是涮锅水。真正的好汤是炼出来的，广东人用的是煲，犹如炼丹，不费功夫是得不到的。

成都因为水好，才可能炼出靓汤。水是百汤之本。不能想象用一锅黄浆还可以煲一碗上汤，水不好，再好的老母鸡熬出的汤都要折寿，喝了提防拉肚子。

我曾在喜马拉雅山中喝过自制的靓汤，用的是山泉水，汤中加进的是林中的野蘑菇，在溪水中现捕了一条肥鱼一齐煮，只放了一点盐，烧的是青冈木，那香味顺风可以飘十里，甚至还引来了一群野牦牛，站在山坡上嗅着我们的汤味不肯离开。牦牛本是食草类动物，但也不会拒绝汤的飘香，这是何等的至高境界。那一锅汤喝得我终生难忘。像那样的汤在成都的餐馆中，厨师使出天大的本事也炮制不出，这是因为这里根本没有那样的来自大自然的原料。最好的汤并不是制作最繁复的汤，而是最天然纯绿色的汤，甚至于掬一捧涧水也甘洌香甜，这么美的水何须放入多余的佐料，这是题外话。

有了好水再来制作好汤，就要选择好材料和好食具。熬汤要用瓦罐和砂锅，尽量不用铝锅、铁锅之类，高压锅更压不出好汤，性子急的人把整只的鸡鸭放入高压锅十分钟成汤，但那种汤只能饮牛饮马，喂牲口很长膘，同美食无关。享受美食与填饱肚子是两种概念，但世人总是把二者混为一谈，才有这么多的饮食冤案出现。

填饱肚子是没有标准的，煮熟了就是唯一的尺码，而美食就有很多的标准。譬如火就不能用煤火，不能用煤油炉之火，实在没有办法了只能用天然气之火，有条件的要用木柴灶之火，炖肉汤最好用松木，熬高汤用青冈最巴适。过去有钱的公馆人家在做年夜饭时熬汤用的是旧房子拆下来的地板，这种木料历经了沧桑的岁月，不容易点燃，却经烧，火力持续，同那种禾草不同。禾草不能用来熬汤，其火力时大时小，加满了灶一股强火把锅烧得很辣，温度骤然升高，但只维持得了几分钟就烧尽了，而后温度又陡降，这种火用来烧菜还可以，煮汤讲究的慢火细熬，就要用那种硬木，不仅有木香还有文火。

《红楼梦》中写了妙玉的茶，从水到茶都有讲究，而且只有一小口杯，这同熬汤是一个道理，什么东西一精致就要有无数的标准来限制，没有标准的东西就是粗放，大碗大盘地端出来，爱吃不吃。

我外婆是一个"炼"汤的高手，她炼出的牛尾汤堪称这世上的精品，正因为我从小就喝外婆的靓汤，才记住了这汤制作的每一个细节。熬牛尾汤从头至尾要经历3天的过程，所以最好在冬天熬制，冬至前后是最好的时节。这一方面是为了保持汤不至于因天热而失鲜，另一方面是因为夏天的猪肉太燥，猪的棒子骨很难保鲜，稍微放置一点时间就有异味。外婆熬汤的第一个环节是打来井水，在砂锅里同猪的棒子骨一同烧开，反复打掉血沫，一次性将水加足，中途不能加水，中途加水再好再浓的汤立即寡淡无味。这一环节最强调的是井水，我家老屋的这口井是老井，四季清凉，水带甜味，我曾按外婆的方法用自来水试过，味就失色了不少。另一点要强调的是砂锅，要用荥经的，这一点我不太明白其中的原委，估计是每一地产的砂锅用的土质不同，含的矿物质和微量元素就不同。用棒子骨熬好的汤叫高汤，里面加的唯一佐料是姜，姜越老越好，老姜能提味，去膻味。

高汤要猛火烧开，文火慢吊，待有了乳白之色再加入整只的老母鸡与之同熬，并不断打掉沫子，待汤熬得有了奶色，再用漏勺将鸡肉、鸡骨连同棒子骨全部捞出，就连汤底杂质也要捞干净。这一过程一直要持续到第3天，哪怕是夜里睡觉汤也还在灶上吊着。当年外婆烧的自然是柴灶，灶中木柴早已烧成了木炭，还在灶里煨着，直到第3天重新加火，放入洗净切成小段的牛尾和西红柿、洋葱一齐熬制，同时加入姜、葱段、料酒和盐，待炖到牛尾离骨，再用漏勺将汤中的牛尾和西红柿、洋葱的残渣捞出，一锅鲜美的牛尾汤即大功告成。待汤喝去三分之二后，剩下的汤可以继续加水，再将活鲫鱼去鳞破肚后直接下进锅里穿汤，而后加少许胡椒和盐，又是一种美味。外婆费心费力熬好一大锅汤为的是用这汤来做菜，汤里加入各种时令蔬菜都是美味，做鱼更是绝品，此外还可以用来蒸蛋、做竹荪汤、调包子的馅等，有了一锅靓汤真是尝尽人间美味。

我这一生喝过无数好汤，有白果炖鸡、冬瓜排骨汤、猪蹄炖雪豆、酸菜老鸭汤……世界上汤的制法实在太多，广东人可以把天上飞的、地上跑的、水里游的和地里长的全都煲在汤里。喝汤不仅是为了美味，也是为了滋补、养生、去病，等等。人一生下来进食的并不是固体食物，人衰老之后吃不了硬东西只能吃软的食物，甚而至于连软的食物也吃不了只能喝汤（流质），汤能活舌、开胃、解腻、补身、美容、醒酒、去湿、壮阳，汤也能思乡、忆旧、抒情，对于我来说汤早已幻化成外婆的身影，并融入我的血液，滋养着我的染色体并留传给我的下一代。

外婆出生在一个大户人家，所以会烹制许多滋补的好汤。在我体弱多病时，外婆做的龟鳖乌鱼汤就滋补过我，使我由虚变壮。这道汤的原水用的是在春天收集来的，装在坛子里的雨水，熬汤时将其取出，用蒸馏法将水变成蒸馏水，以便去除杂质。再用土鸡、土鸭、猪蹄、猪的棒子骨等熬成高汤，在汤里加入十几种中药，中药主要是人参、枸杞、大枣，等等，再用文火煨，最后，加入整只的龟、鳖及乌鱼。这道汤费时费事的是高汤的熬制的阶段，高汤熬成后进入第二个阶段中药的熬制，进入第三个阶段龟、鳖、乌鱼的熬制相对就比较简单。这汤所用的原材料都十分珍贵，单是人参的品种就有很大的差别，而且天然的乌鱼也很难买到。外婆为了熬这锅汤得准备一两年，她不仅要收集雨水，还要四处选择名贵中药。汤熬成后因是大补汤所以每天只能喝一小碗，那年月又没有冰箱，为了汤不坏每四五个小时就要烧开一次，可见费了多少心血。

吃外婆做的饭久了，别处的饭都很难吊起我的胃口，外婆是一个炖汤高手，以至于几片冬瓜，一个萝卜都可以给我们变出一碗靓汤。外婆知道很多中草药的药性，哪些相合、哪些相克，正因为如此，熬出的汤既补人又不涩嘴。外婆对水的使用达到了至高境界，哪怕是自来水或河水经过她的镇清、过滤、蒸馏也会变得甘甜清纯。人体本身就是由水和蛋白体组成的，不但我们的血管中溶不了一点杂质，人的精神世界也要求纯正，味正自然美味。

　　我是吃岷江水长大的，还要靠这一江之水养老至终。我曾从乐山起步，沿江而上，一直走到它的源头，甚至每一条支流的源头，望着这一江奔流的滔滔之水，我热泪盈眶，正是因为有了这水我才能活得如此滋润，并有了这美味的人生。

# 都江堰河岸近乡夜话

　　我们是下午 5 点钟才从成都出发的，天下着小雨，我以为今天都江堰的河边肯定冷清，那种万人饕餮之夜肯定冷场。人少有人少的好处，今天我陪的是北京来的朋友，他们非要去都江堰吃冷淡杯，也不知他们从哪里听来的，说这比巴黎塞纳河的左岸热闹，更比德国的啤酒节喧哗，在这个下雨的夏日傍晚还会有那种成千上万的成都人拥到岷江边上一齐举杯的盛况吗？果然，到达都江堰南桥河边时，早已是人头攒动，座无虚席了。

　　都江堰到成都本来就有一条宽阔的大道，后又修了高速公路和快铁，如今还有直达青城山的快速通道，我一直在质问有这个必要吗？这么多的路都有人走？岂不是浪费！现在看了这沿河两岸万人夹岸，就明白再多的路也不够成都人通行。到都江堰消夏喝夜啤酒已流行许多年，且越来越有气势和阵仗。要找一个座位很不容易，幸亏我们早已电话联系了当地的朋友，这才在南桥边上安排了最佳的位置。

　　河道中岷江水奔腾而出，冲向成都平原，那是雪山上流下来的水，将夏日的炎热扫荡而去。卖各种吃食的小贩一拨一拨地走来走去，煮包谷、盐花生、毛豆、豆花、串串香……应有尽有，我们点了炒龙虾、青城山老腊肉及一桌子的卤菜，光是鱼就有十几种，什么黄辣丁、川川、一支箭、清波、江团……北京朋友早已激情奔放，他们哪里见过这么多男人赤身露背，大杯大杯往嘴里倒酒，大块大块往嘴里塞肉，在这里连女人们也豪放，只有吃相，没有淑女之相。沿河两岸变成了幸福的海洋，猜拳声盖过了河水奔腾之声，各种乐队的演奏也此起彼伏，无数的歌手走到你的面前要让你点歌，为你演唱。这时你举目一望，两岸灯火一片，空气中弥漫了各种美味的喷香，这就是成都的近乡夜话。

北京朋友说北京三里屯一带也有很多酒吧，但没有这么热烈，这么闹，他们似乎在讲什么情调，来都江堰喝夜啤酒的成都人没有什么情调，他们有的只是平民化的快乐。

巴西有一年一度的狂欢节，而成都人有大半年都在狂欢，一入夏都江堰沿河两岸就开始了这种万人派对，一直要持续到深秋。甚至在冬季的夜晚这里依然热闹。都江堰就是成都人的后花园，在后花园里干掉一打啤酒，吃掉一大碗凉面，再来一盘爆炒的麻辣龙虾，然后大声用椒盐的普通话朗诵一首自创的诗歌，旁边的小妹再给你配上曲子，请来巡演的歌手当场演唱，这就是成都人夏日傍晚的沿河生活。

河风年年从高地吹来，江水日日从这里流出，每天都有无数的猪尾巴、兔脑壳、鸭脚板被消费掉，一座没有烟囱的城市，就这样成为中国西部最繁华的经济之都。

# 伍

## 从古老的街道走进现代的成都

# 长江贸易第一街

## 一、前店后厂

成都最早的繁华并不在春熙路，而是在东大街。那时东门的水码头还在，进出城可以乘船，那时的码头很大，很繁华。码头有很高的石梯，贩夫走卒在石梯上穿梭。这里还有客栈和葭场，当时水东门、九眼桥、水津街和青石桥都是著名的码头所在地。从长江下游逆水而上的船可以直达这些码头，它们大多逆长江而上到达宜宾，然后进入岷江水道，这才走上水到达成都。倘使从江口分道还可以到达新津，当年张献忠逃离成都的大部队就是从新津下水前往江口的，可惜在江口遭了伏击，大败而回，这才导致了整个大西帝国的毁灭。

成都居然是一个多码头的城市，这一点是今天的成都人无论如何也无法想象的。二十世纪五十年代初从乐山上行的船还有数十吨的，它们将条石、沙、粮盐等运至成都，下行货物的门类更是繁多。后来河道堵塞，水运逐渐废弃，码头也随之消失。废弃水运的一个主要原因是大量的工农业用水耗量太大，岷江的水量不够，再加上铁路公路交通越来越便利，水运自然不再受到重视。

二十世纪五十年代以前，东大街都是成都的商业第一街。这种情况甚至可以追溯到宋代，自宋元到明清，东大街一直都是成都的繁华所在。东门码头不仅是丝绸和茶叶的起运点，也是木材的荟场，当时河岸边的木材堆积如山，等待卸货上货。在没有铁路和高速公路的年代，水运码头就显得尤为重要。上好的木材，如楠木和杉木都运往江南作为建筑之用，特等的木材如红木等则运往沿海作为打造家具的原料，最次的杂木等则是成都市民的日常烧火用柴。

东大街之所以能够成为成都的商业首街首先得益于交通状况，这里的码头直通重庆，不管是走水道还是走陆路都要从这里出城，成都的古城墙非常有气势，在成都东大街的尽头，距府河二百米远的地方，屹立着古城东大门的门楼。在一片平原上陡然立起一座雄关，使成都显得无比雄壮和威严。这门楼就是成都的东大门，明代时被人叫作"迎晖门"，意即它每天迎来朝晖。东大门是成都的要道，出陆路通龙泉驿，出水路通黄龙溪和江口。北门通川陕大道，东门通成渝方向，皆为交通要冲。南门通的是南路各县，并指向云南，西南是川康大道，皆为经济走廊。

东大街之所以为重中之重是因为它担负着长江贸易的重任。这条约一公里长的老街上商贾云集，店铺林立，做的全都是些大生意，能够在东大街上开店的人没有一定的经济实力是搞不掂的，而且还要有一定的社会地位，要有袍哥扎场子，要不然不是因银子欠缺而被扫地出门，就是被人黑吃了还找不到庙门。

在东大街上开得最多的是绸缎庄，成都本来就是南方丝绸之路的起点，是蜀绣的产地。中国西南，包括云贵川藏等地的商人都要聚集成都，到东大街来办货，还有茶叶商行，这也是东大街上数一数二的店家，茶马古道同样是把成都作为起点，从这里一直通往身毒（印度）、波斯（伊朗）、到达西方。随之而来的是开金银首饰的店铺，成都的阔少贵妇谁没有几样贵金属的细软，有钱人一多，就养活了许多金银首饰店。卖布匹的生意也很红火，这里的布匹不仅销往陕地，也要销往东南亚。开皮货庄的老板做的是大生意，皮货一来就要压大笔资金，皮货货源来自川边各省，靠马帮运货。马帮进城阵势浩大，吸引着逛街的城民。此时，最受益的就是那些小叫花子，他们一个个拎着筐子在马匹身后捡马屎，因马屎不能当街抛撒，如拉出来不赶紧捡走是要被罚款的，所以叫花子们捡了马屎就要去马帮头儿那儿邀功请赏，得几个小钱去买烤红苕，他们专拣软和透心的红苕，吃得龇牙咧嘴，一天的生活也就这样打发了。

东大街为穷人准备了许多特有的职业，除了捡马屎的之外，还有上货的挑夫，也有专为下江来的客商引路的指路人，那些客商初来乍到，连火门都摸不到，如没有人指路就找不准门面。

东大街亦是川纸字号的集中地，当年最著名的纸厂是"嘉乐"纸厂，成都的店铺以卖嘉乐纸而自豪，买家问：

"是不是乐山来的货？"

答："正宗。"

于是买卖就成交，因为一提到乐山的嘉乐纸，买家就放心。宣纸则产在夹江，夹江的宣纸不仅在川地出名，在江南亦有名气。苏、广等地的客商带着那里的特产，乘船沿长江上行，到达重庆，奔泸州，到达宜宾，进入岷江水道，从乐山上行至成都东门码头或九眼桥码头，将货品出尽，再运上成都的绸缎、茶叶、皮货、纸张等顺水而下，从长江头一直航行到长江尾的扬州一带，这就是著名的长江贸易。成都自古以来就是长江贸易的起点，成都的东大街和后来的春熙路则可以称为长江贸易街。四川周围各省的客商都要来"赶东大街"，他们把成都的东门人气提得很旺。站在东城门上向城里打望，下东大街、西东大街，还有城守东大街、上东大街，约一公里的范围内，上百间铺子一字排开，那阵势很是宏大。成都之所以成为中国西南的首埠，原因就在这里。

城守东大街是东大街的一部分，东大街是成都一条很长的街道，所以分为上下东大街，以城守二字命名的城守东大街是因城守游击署设在此的原因。"城守"是任务，"游击"是官阶，"城守游击"就是以游击来负责城防守卫任务的意思。

每天清晨，天才麻麻亮，各家各户的伙计就已经打开店铺，打扫厅堂，特别是要擦亮土漆黑底的金字招牌。招牌一天要擦三遍，一遍都不能少。让招牌蒙灰是很不吉利的事。只要老板发现招牌没有擦干净，店小二就要倒霉，要在招牌前罚跪，这是那个时代的规则。

这时，账房先生也都支起算盘，摊开了账簿准备纳客。第一批客人大多是成都附近各县的粮户、土老坎、地主和小商贩，他们头一天就进了城在小客栈里歇脚，第二天一大早就把货办好要赶回去。早一天进城歇脚的也必须清心寡欲，第一不能进赌场，第二不能逛花街，这一是怕输光了货款，二是怕沾了晦气，就连小客栈也只提供简单的饮食茶水，不提供别的服务。各行各业都有其各自的规矩，不能乱了方寸。外省外埠的大客商要到中午时分才会出现，他们身后跟着挑夫，有到码头上的货船也都订好，这才慢悠悠地一家家看货、选货。

当年成都的许多街道都十分狭窄，有些巷子仅容一辆黄包车通行，稍宽的街道才能走马车，所以叫作马路。但东大街街道十分宽敞，并排抬四辆宽轿子也可以通行无阻。别的街道都显得破败，房子是木质的吊脚楼，路面铺的是青石板，被碾过一道道车辙。东大街的路面铺的却是上好的红砂石板，军阀杨森督理成都时又拓宽了东大街街面，把石板路面变成了碎石路，这使得东大街更适宜开店设铺做生意，还可以开汽车。当年的成都并不是所有的街道都可以通行汽车，其中许多巷子是死的，路又窄，汽车开进去谨防开不出来，连头也调不开。

东大街的建筑在成都也是首屈一指的气派：高屋大瓦，门板和窗框是雕花土漆的上好木料，这些建筑的格局大多是前店后厂，或前店后宅。后面的宅子里住着富商，前面的铺子做着生意，后面的门洞里正打着麻将或开着流水席，殷实的人家还有堂会，唱着成都人最爱看的川剧《归正楼》。

川剧中变脸、喷火、水袖独树一帜，康子林对其中的变脸进行了改造创新。康子林擅演《归正楼》，该剧讲述义盗劫富济贫而遭官兵追捕，遂以变脸巧妙脱身，三异其脸面。川剧行当总的方面分生、旦、净、末、丑、杂六大类，但每一类又分成许多许多小类。如生行又分成文小生、武小生和娃娃生等。旦角里面更是分成正旦、青衣旦、花旦、闺门旦、泼辣旦、奴旦、老旦、武旦、摇旦、娃娃旦等。川剧名旦阳友鹤不仅能演上面提到的各种旦角，还能演刀马旦、水墨旦、贵妇旦等不同角色，所以在当年名气很大。

当年在东大街上开店的富豪大多来自成都周边各县，他们发了一点财就跑到成都来经商，但许多人嗜赌如命，在前店赚的钱又在后宅里输得精光，最后被人扫地出门，惨死在成都街头。东大街有一些叫花子都曾是街上的商贾大户，最后沦落街头成为"伸手大将军"。那些阔太太教育子女时就要指着这种叫花子说：

"千万不要学他，败家子，这就是下场。"

听后，子女们就诺诺连声，算是受到了警示。

## 二、移民文化和公馆家宴

成都现代化的进程中最大的损失就是东大街上那些气派的门楼、门洞和公馆被拆除了，这些都是这座历史文化名城最为宝贵的文化符号。二十世纪三四十年代东大街上的公馆中非常流行公馆家宴，寓公和商人们借公馆家宴互相攀比和夸富，于是公馆菜在成都十分流行。川菜中的精品不在小吃和家常菜，而在于秘不传人的私家拿手名菜。大量的移民带来了新鲜的血液，带来更丰富的方言，也带来了各地的吃食，使川菜体系逐渐形成。这主要就表现在各种公馆菜、私房菜、家常菜的兴盛和传播上。

移民文化是对固有文化的冲击，更是补充和融合。成都的移民来自不同的地域，这自然就有不同的地域色彩和文化习性。成都移民主要来自两个方向：北边的川陕之路和东边的长江之路。这两路人的入川对四川人口味的影响颇大。前文对这种状况已有过描述，在这里要重复的是这种状况所衍生的情形对川人口味的影响。沿江而上的人来自湖北的麻城，这就是湖广填四川的一路。川菜重辣，其实是湖北人习惯的嫁接。川菜中有许多菜要放糖，这其实是受广东人口味的影响。北边陕民的入川和北方人的南下带来了繁多的面食制作方法，同本地的饮食习性一综合就成了特色小吃。成都的名小吃中最成功、数量最多的就是面食。

成都人的嘴巴可不是容易打发的，他们用嘴品茶，用嘴摆着闲龙门阵，用嘴唱着川剧，嘴是成都人最不空闲的器官。

前文一再强调过成都人其实是来自五湖四海的移民，他们靠回锅肉和泡菜获得凝聚力，靠成都话获得认同感，靠茶馆获得群居法则，这几样东西又要通过嘴巴来发扬光大。

回到东大街上来，当年的那些深宅大院里天天都在办酒席，各种公馆名菜纷纷登场。这天早晨成都最有名的绸缎店老板赖老大就把酒席的原料准备停当了。赖老大既不是湖广移民，亦非陕民，而是从云南方向入川的南诏人，祖祖辈辈都做绸缎生意。他将蜀地的丝绸沿川南险要的五尺道贩往南诏，再从南诏贩往东南亚和南亚。这是最经典的南方丝绸之路路线。到了赖老大这一辈干脆移民成都开起东大街上最大的丝绸庄。

这一天赖老大办酒席就是为了招待云南帮的生意人，他家的酒席不同于其他人家的口味，自然带有浓郁的云南大理特色。其中最讲究的就是那头猪：瘦长、长嘴筒、立耳朵、短腿，这是产自南诏一带的大理猪，同川猪有很大的区别。他们喝的酒也是类似于醪糟的一种米酒，而非劲头很大的川酒。赖老大在席间将自己的儿子介绍给各位商友，从此，他的这个儿子就将从成都出发，带上自己的马帮深入云南去贩货，等积累了足够的经验和能力后再回到成都来继承赖老大的产业。当年成都的许多生意人都是如此这般下江南或北上川陕去做生意，并期望最终能在成都的东大街上开一家堂皇的店铺，以开创自己的产业，然后传给儿孙。成都的商道并非人们想象的那么单一，除了上面所提到的水道、川陕道、南道之外，还有许多不为人熟知的间道或小道。譬如成都通往灌县、进入卧龙沟、翻过巴郎山和四姑娘山、进入沃日河谷、到达大小金川的一条道，这条道路虽然不为人熟知，但在当年亦是一条繁忙的商道。从打箭炉分出的岔道也很多，有通往九龙和木里的一条十分隐蔽的道路，这条道一直可以进入泸沽湖到达云南。这就是当年洛克探寻过的那条道路。在洛克笔下，除了"神仙浏览的花园"，最吸引人的还是三怙主雪山：央迈勇、仙乃日和恰朗多吉。洛克1925年在美国《国家地理》上是这样描述亚丁神山恰朗多吉的："在水洛河一支源于恰朗多吉山峰的支流来到雪山脚下，此时云雾骤开，显现出霞光电闪的守护者的真面目，一座裁剪过的金字塔，在它两边的山壁像是一只巨大的蝙蝠所展开的双翼，这是一处无人知晓的仙境胜地。"

英国作家詹姆斯·希尔顿的小说《消失的地平线》也描绘了成都西南部的一片净土，它祥和宁静和神秘。这就是传说中的"香格里拉"，三条河流雅砻江、木里河、水洛河在群山中交汇。山顶白雪皑皑，山脚青草如茵，这些群山中的一条条小道不光供牧人和他们的牛马通行，也是一条条贸易小道，各种出产在不经意间就进行了交换，包括药材、皮毛、蜂蜜等就是从这里流入成都并摆上长江贸易第一街的柜台。在东大街几乎每天都有新店开了张，又有无数的老店歇了业。但不管是兴盛还是衰落，都离不得开张宴和散伙席，这就给那些厨子搭建了舞台，让他们在名种宴席上大显身手，并最终将川菜打造成一个庞大且享誉世界的体系。这种情形，川籍著名作家李劼人在他的名著《死水微澜》和《大波》中做过精彩的描述。

## 三、正月的灯会

每年到了正月就是东大街一年最热闹的灯会时节，成都的灯会始于东大街，灯会的情形李劼人在小说中有详细的描述。后来因东大街的衰落才将灯会迁往青羊宫，再后来又迁到今天与青羊宫仅一墙之隔的文化公园。当年之所以要在东大街办正月灯会，一来是因为到了年关，各大商户已经挣得盆满钵满，要显示一下实力，正是为了喜庆一下，为来年的商业兴旺做一个铺垫；二来是在街道狭窄的成都，也只有东大街的宽敞能够接纳拥挤的观灯人流，也只有东大街上的殷实商号有钱把灯饰做得张扬而又精致。当年的成都还没有修建劝业场，商人大都是以街为市，而东大街上的商号又最为集中，那些腰缠万贯的生意人为了招揽生意，图个大吉大利，愿意掏钱打广告。

说到以街为市，成都尤其典型。譬如卖肥猪的叫肥猪市，卖骡马的叫骡马市，贩盐的叫盐市口，以此类推，商人和贩子都直奔主题，不至于贩猪的跑到卖马的地盘上去乱窜，耽误了生意。这种情况因劝业场的修建才得到改变，劝业场里货品应有尽有，这就大大地方便了云贵川藏的客商。这种情形一直延续到今天，譬如荷花池的大卖场，不仅国内的货物堆积如山，就连世界各国的产品也都找得到，那种草市街上尽是服装店、东大街上尽是灯具店的情形越来越淡化。

回到当年的东大街灯会上，正月时分每家每户都比赛着挂起了灯笼，那时并没有电灯，所以灯笼全是蜡烛或煤油之类的火灯，还有青油灯、猪油灯等稀奇古怪的玩意儿，这就更有意思。

除了灯饰之外还有牌坊和绸饰（丝绸做的各种装饰品），亦有舞龙灯的、耍狮子灯的、吹吹打打玩弄各种乐器的，甚至还请来过印度的耍蛇艺人，着实让成都人开了眼界。川剧的艺人还要表演吐火和变脸，十字路口有表演川剧滚灯的，类似于杂技的各种小玩意儿也要出来显摆，吸引得成都城里的市民和城外的乡民蜂拥而至，幺倌儿扎着花辫子，小姐太太们也都把绸质的旗袍穿戴整齐，配上绣花鞋，脸上打了粉，擦上胭脂，苏苏气气（漂漂亮亮）地出来观灯。

最扯眼的是那些土粮户和小乡绅，他们梳着王保长式的分分头，头发上抹了青油，油光可鉴。他们穿的是丝绸的马褂，瞪圆口布鞋，嘴巴里包着金牙，还随时把牙口露出来洋盘，手上还牵着临时雇来的

"扬州小姐"给自己撑台面。扬州小姐都分了档次和等级，极品的台柱陪着逛一逛街也要收两个大洋，当时一个大洋就可以买一担米，够穷人家很久的嚼头。最孬的幺妹儿也要收两串铜钱，但土粮户们乐此不疲。

这些土粮户最是成都人的笑柄，东大街上的灯会之所以如此热闹，很重要的原因就是人们为了来看这些活宝器的展览。打扮得更可笑的是那些乡下的"土鸡"，这些人大多是地主婆或粮户的家眷，她们长得就疙疙瘩瘩的，装束又很古老，嘴巴涂得跟吃过人血馒头似的，却并非口红，而是草本植物熬制的一种染料，红得令人生疑，跟人血还真的分不出真假。姆姆们头上还顶着大盘髻，衣裳很宽大，花花绿绿，笼衣裹袖，一来一大帮，操着成都附近县份上的口音，在灯会上很是拉风。

最有看头的是"先生"，他们一个个生怕别人看不出自己有学问，戴着瓜皮帽，穿着孔乙己似的长衫，民国前还留着长辫，民国后则吊着深度近视的眼镜，脚蹬圆口缎面的布鞋，迈着八字步，最具标志意义地含着一根长烟杆，虽然他们有时也抽几口，但更多是用来当道具，毕竟用烟杆指指戳戳比用指头更有派，仿佛诸葛孔明走到任何地方都要挥一把羽毛扇，哪怕天上正下着鹅毛雪。先生打扇并不是为了扇风，是为了显派。所以在灯会上走一个"先生"出来，就有小子姑娘们追着看。灯会只是一个借口和一个背景，各式人等都要借用这个舞台出来表演和显摆，连叫花子也举着一个刚要来的猪油大包子在街面窜，他们并不急着吃，为的是显示自己高人一等的要饭能力和在丐帮中的地位。只要是人，哪怕已沦落为乞丐也是有身份和地位的。

其实，在正月里挂灯笼并不限于东大街，成都其他区域的百姓也都有挂灯笼的习俗，并且家家如此，以求来年财源旺盛和健康平安。只是东大街上的各大商号实力更强，才有钱把灯笼做得精美，而非普通百姓的纸灯那么简单。纸灯点久了容易起火，特别是有风的夜晚，风一吹，这家的纸灯就燃了，那家的纸灯又被吹得飞上了天。而小街小巷大多是棚户区，很怕火，这就需有专门守灯的人从各家各户的水缸里舀水灭火。但东大街上的灯笼失火的就少，因为灯罩采用的是玻璃。

到了正月初一，成都东大街的灯会就进入高潮，这一晚吃过年夜饭的成都人不仅要来逛灯会，还要来看烟花爆竹。商户商号在这天晚上都要比赛谁家放的鞭炮花样多。那一夜人们都在守岁，过了午夜还要吃汤圆，所以鞭炮彻夜燃放。老年的成都人回忆起当年的年夜都感叹不已，其中最可回忆的就是"闹热"。现今的年夜不仅缺少了观灯的内容，城区内亦不准放鞭炮，再加上儿女们天各一方，许多人不能回家团聚，就更使人追忆当年的盛况。

东大街因是出城的必经之道，又是成都最繁华的所在，所以成都人办红白喜事都要从这条街过一过。当年川军出川抗战就是出东门而去，成都百姓就在东大街沿街相送。成都的食客、茶客也都爱在东大街的酒肆茶楼聚聚，喝点闲茶，咂点小酒，这就是当年中国西部内陆成都人的一种生活状态。

## 四、赌博成风

前面提到东大街上开满了各种商号，商铺后面不是厂房就是深宅大院，这些大院里除了日日笙歌艳舞和流水席不断，还有一个重要举动就是大开赌局。许多商人无心经商，嗜赌如命，把家财赌光，甚至要把老婆娃儿也当成赌资押上赌桌。

东大街曾有一个王大胖子，号称"王半街"，半条东大街的铺子都是他的，娶过五房姨太太，一个个如花似玉。王大胖子五十岁那年突然迷上赌博，他开始玩的是麻将，后来玩起了押登登宝，再后来连押登登宝也过不了瘾干脆玩起了摆片，只半年功夫就把半条街的商铺输光，最后还把五个姨太太全部输给了别人，而自己就在东大街当叫花子。有一年正月初一大早上他被人发现死在东大街头，年都过完了也没人来收尸，人们见了他都要绕道走，怕沾了晦气，一直过了大年十五才有善人用破草席裹了王大胖子的尸体甩出城外。那年月城外的野狗很多，一只只吃得肥头大耳，就是因为有无数的尸体抛出城来。被抛尸的有饿死的穷人，也有王大胖子这种富甲一方的阔商。这真是人生无常，三穷三富不到老。

每年春节，商人们都要过节歇业，歇业期一般是从腊月三十到正月十五，这期间满街都是推牌九的，掷骰子的，打麻将的，押登登宝的，还有玩纸牌的。这一般都是通宵恶战，商人们用麻袋装了票子，或用银箱装满银圆前来参赌，赌场上有些人抓拿骗吃、黑吃黑、鼓吃霸赊，输得裤子都脱给别人立即沦为讨口子的不在少数。

赌场上有赌场上的规矩，开赌场的大多有袍哥当后台，想要赖的自然有袍哥大爷请你吃"讲茶"。他们约到一家茶馆去自己罚自己下矮桩，倘使还敢不服，谨防被袍哥大爷弄去黑了，到时候还得家人拿钱去领尸。许多银号、当铺、公司或钱庄本身就是私窝子，老板亲自做庄，手下个个都是赌棍，连一些客户也被招揽其中，他们本来是来提钱赎货的，结果赌下来连血本也被别人吃了。

那些赌场一般都设在铺面后头的密室里，那些穿着西装、打着领带，或穿长衫子、着皮草的男女赌徒神不知鬼不觉地梭进去将钱掏出来，其中含有金条、银圆、支票、纸币、首饰、字画，甚至文物等，五花八门，待账房验明正身，按不同价值换成筹码。将钱换成筹码在赌场中很重要，一块筹码相当于一百元或一千元，这样押一千元或一万元的筹码也不过十块，比押一大堆钱方便，更重要的是这只是筹码而非真钱，赌徒输了也不会心痛。这如同今天的超市，花花哨哨的商品只管往购物车里放，倘使每一样都让你先付钱再提货，人们都心疼钱去了，谁还有购物快感和狂热。所以做庄头的赌场老板先把你周身的银子全给你换成了筹码，就锁定了你的赌心。今天不玩完了也下不了场，老板可以赊给你，身上的钱没有了，家里不是还有漂亮的妻子吗？为了还债还可以卖儿卖女，着了道的赌徒如同上了瘾的大烟鬼，什么都可以押上，东大街可以给他们提供一条龙服务，直到你变成王大胖子一般的尸体被人用破席子裹了抛出城墙去。

赌场上有按摩的、点穴的，还有扬州小姐做贴身服务的，甚至有掏耳朵的，等你赚了钱可以招手让他们来为你服务，等你养足了精神又回牌桌。当然，输得精光的就要被打手撵出去，那些小幺儿或扬州女根本不拿正眼扫你，他们盯的都是牌桌子上的大赢家。哪个一宝押端了，就有人上去又是给你捏肩又是给你捶背，洋酒洋烟给你递上来，吃了水果有人的手停在你嘴边替你接果核。只要你高兴了甩几块筹码给他们就可以了，但最小的筹码也是五十块，大的筹码有上万的。当年王半街在鼎盛时出手就有这么大方，他随手就甩给小幺儿两个上万元的大筹码，那个小幺儿拿了钱的第二天就盘下了东大街上的一个铺面当了跷脚老板。这在当年的东大街上是一段传奇。后来王半街当叫花子时还去找过那个小幺儿，求他施口饭吃，小幺儿却将王半街赶了出来，声称这败家子冲撞了自己的财气，还撒了一袋大米来冲晦气。这真是此一时，彼一时。

## 五、烟花之地

东大街并非一条街，而是一个区域，那些显赫的店铺开在东大街上，而附近的街巷除了公馆和赌场之外，城守东大街的一条巷子则是烟花之地。这条约百米长的巷子里全是独门独户的典型川西小院，这种小院既与北京胡同里的四合院有别，也与上海弄堂里的石库门亭子楼不同。这些院坝被成都人叫作门洞。他们都有一个院门，门里有照壁遮挡，门里门外种有大树，外面的街巷也很窄，仅容一辆黄包车通行，甚至两个胖子并排走过也要把路堵塞。这种小巷与东大街的宽大繁华适成反差，所以那些妓女院就私藏于此。

在这里做生意的除了本地女子外，大多是从扬州来的风尘女子。当年在成都的扬州客除了妓女之外，就是修脚师傅，这两种职业中有名的几乎全是江南来客。所以当年的老成都人大多有一个偏见，认为来成都的扬州年轻女子大都在做"台基"，男的则尽是修脚客。其实不然，扬州的商人和厨师也很有名，他们开的大多是名菜馆，做的是大生意。对扬州女的认识当然只是那时封闭的成都人的臆断，但从扬州来的风尘女确实垄断了成都的烟花市场。反正从扬州到成都也方便，一条船直达，沿长江水路可以直达九眼桥，上岸就是东大街，直接转到大街后面的小巷就当了台基。

扬州女子比本土的风尘女子洋气，她们全是海派的打头，不但会弹些苏杭流行的曲子，还会唱东洋的小调。当年成都人，哪怕是东大街见过世面的老板也只能听一听川剧来过瘾。而扬州台基弹的是东洋曲，摆出来的点心也是寿司，她们刮黄鳝当成生鱼片，醪糟当成清酒。她们的发型很新式，旗袍紧裹着身子，就连化的妆也比本土风尘女子洋气，这就很吊成都本地的商人和土粮户的胃口。那些刚在商号里发了一点小财或在赌场上有了一点进项的财主就要背着人拐进这条巷子来，他们大多有自己熟悉的暗门子，进去逍遥完后则从巷子的另一头钻出来，回到东大街上又是衣冠楚楚的正人君子。

扬州女子不仅引领着当年成都太太小姐们的服装潮流，许多的做派和行为也是那个时代前卫的标志。扬州女子不似本地人爱坐黄包车或马车，她们爱骑自行车。当年成都的自行车很少，被叫作"洋马儿"，这种两个轮子转得飞快并可以载人的东西引人好奇。最先效仿骑自行车的是成都学堂的学生，很快自行车就流行起来。但那些古板的老人对这种玩意儿不屑一顾，因为它是扬州女子的所为。他们宁肯坐马车或黄包车，认为这已很洋盘了。城守东大街口子上就有马车站，有钱人专门上那里去乘车兜风，后面跟一大群叫花子，人群跟着马车一阵风似的从街上通过，惹得街边的路人驻足观望，这很让有钱人风光。

当年成都还没有公交车，抗战之后才有了木炭汽车和酒精汽车。烧木炭的汽车像是得了哮喘病，因动力不足，走走停停，上坡还要乘客下来推。酒精车因酒精昂贵只用作有钱人的私车，而且很少被开出来。城里只有几条大街可以通行，小街小巷马车都行不通，更不能通汽车。当年的东大街上就发生过木炭汽车辗死扬州女子的事件，扬州女子本来是坐车的，因车爬不上坡下车来帮忙推车，因穿的是不开叉的旗袍行动不便，走到车头时被绊了一下，谁知这时木炭车炭火旺盛，猛地往前一窜，就将毫无准备的扬州女子辗于车下。这件事被当年的成都小报很是渲染了一阵，这使许多人知道了当年成都还有扬州女子这么一个群体。其实混迹其中的仍有许多成都周边县份的女子，她们外表已学得很像，穿着打扮都是学的江南女子那一套，连走路也是款款而行，不再风风火火。但她们还是学不会吴侬软语，所以不能张口，一说话就暴露了身份。那种县份口音使她们身价抬不起来，所以只能跟在正宗的扬州女身后讨生活。

## 六、中国西部的金融中心

一条街道由盛到衰或许只要几年，或许是几十年，但像成都的东大街极尽繁华，长达上千年之盛的极为少有。成都从有春熙路之后的近百年来，东大街逐渐让位于春熙路，变成一条商业死街，所有的大商号都迁往邻近的春熙路和劝业场，一场繁华之梦在东大街上破灭。特别是东大街旁的水码头被废弃后，东大街更是一衰再衰，很少有名店能够在这条街上支撑。当成都市的市政改造兴起之后，大批的深宅大院被拆迁，许多名家后代也迁出了这处福地，使它的衰落变得更加惨淡。

在最近的二三十年间，东大街最接近回光返照的一瞬是在二十世纪末的灯具一条街时期。那时，街上家家都是灯具店，并以此闻名遐迩。那么多的灯不知是谁买走的，仿佛到处都很亮堂，满街都是发货的车子在穿梭。大的灯具店，店面比礼堂还大，灯一打开照得人花眼，光看生意红火的程度，你就知道当年东大街有多辉煌。这已经比丝绸一条街、茶叶一条街的盛况更胜一筹。

经过近一个世纪的沉寂，成都东大街终于迎来又一轮繁荣，它将变脸为成都的金融大道，并力图变成中国西部的华尔街。已有多家五星级大酒店入驻，与已建成的香格里拉大酒店遥相呼应，地铁二号线贯穿其间，东大街上将形成银行、保险、证券、产业基金、风险投资基金、信托、典当等类型丰富、功能完善的多元化金融组织体系和资本市场结构，同时这里大力发展与金融服务有关的法律、评估、审计、会计、咨询策划等专业服务及信息服务，配套发展高档酒店、高端精品店、高品质休闲场所、特色餐饮等。特别要在东大街与二环路交汇之处形成成都的 CBD 新核心区。

照这种规划，成都还没有哪一条街能像新东大街这样成为成都的城市核心区域。一条街上要修建如此多的商住楼、写字楼，还将修建成都最高的超高标志性建筑，入驻世界 500 强的大公司，这不仅对于东大街来说是历史之最，对于成都其他街道来说也是绝无仅有。

纽约的曼哈顿，因在不超过两公里长的华尔街上聚集了全美的大型垄断组织和金融机构而成为世界的金融中心。华尔街同时也是一个旅游点，每年成千上万的游客从四面八方来此旅游，这使华尔街的财富滚滚而来。日本东京的银座也是这种规格，并因此成为亚洲的商业和金融中心。成都的东大街面向全球招商，并参照华尔街的模式进行建设，其前景令人非常期待。

中国历史上许多重镇、名城和都城总是因为种种原因由盛而衰后再也不能恢复元气，但成都是个特别的城市，她从建城至今 2300 年而不衰，尽管中途发生过洪水毁城、张献忠屠城、日本飞机炸城等事件，但成都总能从一次次的沉痛中复苏过来并不断走向繁荣。东大街的变迁真是成都沧海桑田的缩影，它曾是成都最繁华的所在，后来变成成都衰败的象征，现在又跻身成都最有价值和希望的商业走廊。一条街有一条街的历史，它的掌故读来令人感慨，又回味良多。

# 成都春熙路的似水流年

## 一、春熙路的草创

一座城市的发达总与一条重要的街道兴衰有关，世界上所有的商埠名都都有一条显赫的街道。譬如巴黎有香榭丽舍，纽约有华尔街，东京有银座，上海有南京路和淮海路，北京则有王府井等。每一座大城总有一条大街彰显着她的城市繁荣和城市气质。

作为中国西南第一街的成都春熙路位于成都东大街以北，南新街、中新街、北新街以东，总府路以南，红星路以西，是一条全长1.1公里的街道。但现在的春熙路经过改造，其范围已扩大至红星路步行街和改造后的青年路一带，其中包括跨过蜀都大道的天桥与街对面的王府井等几家大卖场及商业场，它们连成一片，并与大慈寺太古里片区一起形成成都最具人气的商圈。当年，春熙路是连接劝业场和东大街两大商业中心的枢纽。可谓寸土寸金，是成都中心的中心。成都春熙路于1924年被命名距今已90多年，是名副其实的百年金融商业街。

1924年进入成都的军阀，二十军军长杨森做了四川省军务督理，他为了笼络人心，为自己树立政绩而提议拆除现今春熙路一带之商店民宅，并废除清朝的按察使衙门，兴建从南到北的一条商业大道。那一天是 5 月 26 日，杨森下令实行"新政"，整修东大街，他派兵强行拆除沿街店铺，这惹来一片怨恨。普通街民被士兵强拆房屋，因而流离失所，但秀才遇到兵，有理说不清，人们也只能敢怒而不敢言。

当然，拆迁中也有不买账的，他们成为那个时代的"钉子户"。春熙路本来打算被修得笔直，但总府路馥记药房老板郑少馥是法国领事馆翻译，他借洋人之势拒不拆迁，杨森也拿他没办法，所以后来春熙路孙中山铜像处还是倒了个拐。正是这个拐形成了春熙路的中心，先是建街心花园，后来又修建中山广场，并在不同的时期演绎出一出出悲喜剧。这个拐像是人们不经意中打的一个标点符号：它像顿号，让历史在这里停留；又像是逗号，让无数风花雪月的街头故事在这里延续；更像是一个句号，在这里形成一个商业气氛浓重的商圈。历史总是在不经意间演绎出各种事件并载入史册。

春熙路的前身本是一条狭窄的小巷子，它与走马街相连，形成一条南北直线。横贯其中的东大街是出成都东大门下川东的必经之路，是商贾行人必经之道。东大街是老成都最繁华的一条商业街，绸缎铺、金银店、当铺开满了东大街，但东大街与商业场之间隔了无数的狭窄小巷，对于生意人来说极不方便。这些巷子七拐八弯，有的连一辆黄包车也无法通过，被成都人叫作两尺巷，即只有两尺宽。东大街和商业场是两大商圈，它们被这些窄巷子阻隔，不利于经商，也使城市显得破败。杨森之所以要提议建春熙路，就是要将东大街和商业场整合在一起，形成一条商业走廊。所以杨森对东大街和商业场之间的改造并非一时心血来潮，虽然其手法有些生硬和不近情理，但目的却是有利于成都商业发展的。

杨森决定拓宽春熙路的举措在一定意义上顺应了民意，但他任命他的得力部下王缵绪兼任市场建设督办，王缵绪拿着鸡毛当令箭，大肆派捐派款，搜刮民财。他下令以东大街与走马街交口处为起点，直到商业场，沿线的商户住户一律在规定期限内自行拆除迁往别处，逾期不拆者即派兵强拆。一时民怨沸腾。当年在成都经商的大多是些中小散户，经济能力有限，突然被拆了房，不仅失去了糊口之本，就连住所也失去而沦为街头流浪者，自然怨声一片。

当时成都的五老七贤都被惊动，他们代表民意，去督署见杨森，请缓修筑。五老七贤虽是成都的名人显客和饱学之士，但都是老者，没有实权，杨森根本不买他们的账，所以连五老七贤之首，成都最后一个状元骆成骧也自嘲说：

"什么五老七贤？依我看是五个老不死，七个讨人嫌而已！"

杨森根本不把五老七贤放在眼里，五老七贤中的尹昌龄、宋育人等人颤巍巍地话还没有说完，杨森就沉下脸说：

"我拆一点房檐屋角你们就大惊小怪，说老百姓不愿意。看来我当初进入成都时，把四个城门关上，放一把火烧他妈个精光，再让士兵乱来一通，倒还省了不少麻烦。请你们不要干涉我的新政，回家自享清福抱孙子吧！"

五老七贤只好垂头丧气地回家。在各个时代秀才与军阀都无法沟通，军阀根本不会给文人脸面，在当年修建春熙路的事件中，五老七贤可谓颜面丢尽，从此声名衰落，一蹶不振。

当时也有敢出来仗义执言的人，这就是当年成都家喻户晓的人物，文人刘师亮。关于刘师亮有一则传说，说刘师亮手提燃烛灯笼，去见某大军阀，军阀问白天点灯笼做啥，刘师亮回答说：

"你这里太黑。"

刘师亮善于作对联，他创办的《师亮随刊》，是用幽默、诙谐的对联形式，于嬉笑怒骂中抨击黑暗政治，伸张正义。自古文人有入蜀的习惯，使成都形成巨大的文化坛场。成都的文人之多可以说是车载斗量，每个时代都有其翘楚，而当年的刘师亮就属于这一类，他专门与权贵为敌，以成为他们眼中钉、肉中刺为荣。他有名的一副对联：

"民国万税，天下太贫。"

1933 年的双十节，刘师亮用四川民间哀乐声作法事时的"当庆"和川剧锣鼓点"懂狂"来表示对当局的不满。

上联：普天同庆，庆得自然，庆庆庆，当庆庆，当庆当庆当当庆；

下联：举国若狂，狂到极点，狂狂狂，懂狂狂，懂狂懂狂懂懂狂。

刘师亮就是如此这般的一个文人，他有文采，更有胆气。文人要在该发声时发得出声，该成文时成得了文，这才是有担当有作为的文人。刘师亮对于杨森拆迁之事毫不惧怕，他在小报上刊登了一副对联，上联是：

"民房早拆尽，问将军何时才滚？"

既指压路机滚压马路，实是双关，骂杨森滚出成都。下联是：

"马路已捶平，看督理哪天开车？"

开车实是双关，是指开汽车，成都话也有开溜之意。

人们以为这个刘师亮捅了马蜂窝，不是被抓打，就是要被封报馆。面对有血性的文人，无数军阀都是这么干的。当年保路运动时，面对抗议的人群，不管是文人还是市民，赵尔丰一律实行高压政策，制造了成都血案，他不仅关押了蒲殿俊、罗伦、颜楷等9人，还枪杀了到督署示威的老百姓30多人，伤者不计其数。所以，当刘师亮用对联挑战杨森的权威时，人们以为他定会遭到严厉的惩处。谁知杨森得知这副对联后问秘书陈维新：

"刘师亮何许人也？"

秘书说："他是成都有名的喜欢乱骂人的无聊文人。"

杨森并不只是一介武夫，他也颇有心计，知道什么人可以利用，什么人不必搭理，听说成都还有这么一个文人后，便对秘书说：

"我看他还有些才气，倒想见见这位读书人，向他领教领教。你们对读书人要恭敬些，不要随便叫，拿我的名帖去请他来。"

关于杨森也有一点注解，这是一个有城府的人，他的语录牌子在当年挂满了成都的大街小巷，杨森的语录有：

"禁止妇女裹足；

应该勤剪指甲，留指甲既不卫生又是懒惰；

打牌壮人会打死，打球打猎弱人会打壮；

穿短衣服节省布匹，又有尚武精神；

夏天在茶馆酒肆大街上和公共场所打赤膊是不文明的行为……"

从这些语录中可以看出当年杨森倡导的"新政"内容，看出杨森实行的新政也不乏进步的意义，春熙路的修建对成都走向现代化也是一件超过商业意义的大事。当然，在具体的做法上有些粗暴和不妥，但春熙路的建成，近百年来都对成都的商业文明起着举足轻重的作用。

成都从古至今之所以重要，除了文化之都的名气之外，就是作为南方丝绸之路和茶马古道的起点而显名，换言之，就是作为中国西南最重要的商品集散地而名扬四海。民国时就有樊孔周修劝业场，到了二十世纪二十年代又有杨森修春熙路，乃至于后来各个商圈的打造和蜀都大道的扩建，以至于21世纪初对春熙路的改造，一代代成都人都在做着同一件事情：不断提升成都的商业之都的地位，使之形成更大的商业辐射和影响。

当年，刘师亮穿着一身长袍就去见杨森，见面就说是来向督理讨打的，众人听后都为之一愣，不知这刘师亮又在玩什么花样。刘师亮说：

"督理提倡穿短衣服，我却穿着长袍来见督理，这不是居心冒渎虎威，该挨打吗？打赤膊的罚打手心，我是该打屁股了！"

刘师亮的言语引得哄堂大笑。

杨森说："穿短衣服是为了节省布匹，有了现成的长袍放起来不穿再去做短衣服，这不是节省，而是暴殄天物。有人说我是蛮干将军，这是以讹传讹的道听途说。遇事蛮干、不讲道理是行不通的。"

刘师亮这才提起对联一事，说："师亮草芥庶民，拙联只不过表示我渴望马路早日滚平，从速开车以孚民望而已。"

杨森呵呵一笑，说："先生把我当成武夫，想我还听不懂语意双关骂人之妙吗?"

杨森在这时表现得很和气,他这人非常聪明,虽不买五老七贤的账,但对于刘师亮这种文人他知道要用怀柔政策,这可以达到收买人心的目的。果然,刘师亮说:

"师亮昔日只仰将军龙虎雄姿,今当面聆教得亲凤麟华采,真乃儒将大风。师亮舞笔弄墨,实属班门弄斧,惭愧!惭愧!"

杨森被刘师亮恭维得飘飘欲仙,很爽快地采纳了刘师亮关于建设新四川实行新政也要"伐谋"为上、取得民心的建议。还当面表示要各机关法团、他的部下多订《师亮周刊》以开放眼界,增加知识。两日后,刘师亮收到杨森给他的车马费百元大洋、督理署咨议聘书以及给《师亮周刊》的资助费五百大洋。从此,《师亮周刊》的发行量由原来的六七百份增加到两千份。

马路修建成功后,杨森请享有雅名的前清举人、成都双流人江子渔为马路取名。江子渔是个老文人,但也很会迎合杨森。因北洋政府授予杨森"森威将军"头衔,马路被命名为"森威路"。1925 年,杨森妄图以武力统一四川,出兵攻占川东各县,与军阀刘湘军交锋。担任东路指挥的王兆奎被打败,连曾经督修马路的爱将王缵绪师长也临阵倒戈投奔了刘湘。杨森只好放弃了成都,逃到宜宾,最后走投无路,由师长王仲明护送,搭船顺江而下,转汉口,到洛阳,投靠吴佩孚去了。这时,江子渔又建议将"森威路"改为"春熙路","春"寓意春风和煦的"阳升",与杨森谐音,"熙"表示一派升平的景象。江子渔很会引经据典,曰:"古书云,熙来攘往,如登春台!熙熙攘攘皆为利而来!"这是取自《道德经》的句子。春熙路果如所云,成为成都最繁华的商业区。这条商业街的建成既有军阀的参与,亦有各界人士的参与,更有老百姓做出的牺牲。

## 二、春熙路上的店铺

春熙路上的店铺历来就洋盘，世界上最有名的商家大多要在此占据一席之地。在今天，各种百货名店应有尽有，就连餐馆也越来越洋气，什么咖啡馆、泰餐、法餐、日本料理和韩国料理等也如雨后春笋般兴起，冰淇淋和咖啡成了红男绿女的最爱。

当年的春熙路分东西南北四条街，在十字交叉处开辟了一个街心花园，这是杨森采纳英国牛津大学毕业的姓戴的顾问的新潮设计。在街心花园建有春熙路建路纪念碑。1927 年北伐，四川宣布脱离北洋政府，拥护国民政府，专门塑造了孙中山先生着短服的站立铜像。铜像所需的铜料千斤以上，是由川军二十八军军长邓锡侯、二十四军军长刘文辉捐款，由成都造币厂铸造。1928 年 1 月铜像铸成，1 月 30 日邓锡侯和刘文辉主持了揭幕典礼。1943 年，余仲英任成都市市长，因当年铜像铸造时时间仓促，铜像形象失真，他又请著名雕塑家刘开渠重塑了手持书卷的孙中山坐像，这尊铜像至今仍塑在春熙路的中山广场上供人瞻仰。

说起春熙路的老店铺还真不少，经营西洋钟表业的先后有及时、亨得利、亨达利、协和、时昌、大光明等，金号银楼有天成亨、天长亨、天宝、物华、新凤祥、宝成等。钟表和金银店就是那个时代的时尚，年轻人有了钱能买一只外国名表，或者买一点细软首饰就算是最大的投资，落难时有这些东西典当就可以渡过难关。另外还有胡开文笔店、诗婢家装裱店、商务印书馆、中华书局、世界书局、正中书局、新中国书局、广益书局、墨磨人斋、刘冀严篆刻图章铺等。这些都是与文化相关的店铺，春熙路作为成都的窗口，自然要聚集文化的氛围。卖糖果的有稻香村，卖西餐的有耀华，唱戏的有大华或三益公，春熙路上可以说要什么有什么，鸦片烟馆（卡尔登）、妓院（春熙院）、跑摊算命（超然居士和逸仙女士及法眼通大相士），更有国际艺术人像馆和《新新新闻》《华西日报》等报馆。春熙路曾是成都报馆林立之所，当年这条商业街上记者云集，中华人民共和国成立之后报馆才陆续迁出，集中到红星路一带。当年春熙路上才有新闻，其他的街道大多背静，生活节奏很慢，很少有什么奇闻趣事发生，所以报馆只有开在春熙路才可能采集到新闻。毕竟这里店铺很多，人流如潮，各色人等都在春熙路上活动。

在孙中山铜像两侧，一边是中华书局，一边是"来鹤楼"茶馆。其间还有一间"劳福"咖啡店，其店主穆先生是位进步人士，他同时在金河街开设了一家草堂图书馆。在劳福咖啡店，经常光顾的是一些年轻人，穆先生在后来被当局抓出来枪决在劳福咖啡店门口，其罪名是"借办咖啡店诱惑青年男女，搞苟且淫秽之事"。

说到春熙路的名店，不得不提到的是耀华餐厅，这家店是成都最早的西餐厅之一，其西餐在成都人心中很是有名，当年的成都人以在耀华吃一顿西餐而炫耀。

成都早在明末清初年间就有洋人进入，英美加三国的五个教会二十世纪初就在成都的华西坝开办了华西协合大学，成都人接触到西餐比别的城市更早，更正宗。川菜中也有一些西洋的元素，春熙路建成之后就不断有西餐引入。如今的春熙路真可谓咖啡店西餐馆林立，使这座内陆城市很有些海派意味。其实，比春熙路建成更早的劝业场就引入了许多国外元素，包括许多洋货连同一些洋餐就进入了成都。处于中国内陆的城市大多闭塞，但成都是个例外，在任何朝代成都都是一个商业中心和文化中心，哪怕路途遥远，外面的东西都会被引入。这些外面的东西一旦进入了内地的成都，就会留传下来，并经过当地人的改造，最终改头换面，被人误以为是正宗的川货，这些事例确实不少。

伍 从古老的街道走进现代的成都

## 三、改名之风

春熙路之名曾被反反复复地改来改去。修路之初，春熙路曾被命名为森威路，杨森倒台后改成春熙路。1966年8月18日，"破四旧"运动开始，红卫兵们整天在春熙路上狂呼着口号，春熙路成了大字报的海洋，各种宣战书、声讨书、倡议书和告市民书贴满了商店和橱窗，传单更是像雪片般在空中散落。当年从春熙路走过，分别是提督街、总府路、状元街、走马街、文庙街、纱帽街、三圣街等，红卫兵要改的就是这些旧街名。

1966年8月24日，报刊、电台正式宣布了成都市第一批更改的街道、公园和影剧院的名称，春熙路被改名为"反帝路"。春熙路的路牌被砸毁，反帝路的街牌立在了孙中山铜像前。在此同时，成都市所有街道几乎一夜之间都改了名，盐市口成了英雄口，牛市口成了胜利口，文武路改成新华路，中小学也都改成了井冈山或胜利、英雄、红旗等名称，成都历史上最彻底、最大规模的改名运动兴起了。令人称奇的是成都的地名，成都一切传统的、古代的、旧的东西和名称都被看成是封建主义、资本主义或修正主义的东西而加以更换。但成都的城名没有改，这不知是改名人的疏忽还是气场不够的缘故。按理说成都这个名字保留了2300多年，够古老的，是最应该改掉的，但改名人把成都所有的街名改完之后却恰恰不改成都的城名，使成都成为2300年来不曾更名的坚挺之城，这是最传奇的。

春熙路上的商店店名自然首当其冲，春熙路百货商店被改成了反帝路百货商店，云裳理发店、龙抄手、廖广东老号刀剪店、同仁老铺等的店招全被砸得稀烂。当时，不仅地名、街名和店名要改，连人名也都大改特改，一切都要与封资修的东西划清界限。新上海照相馆改成了红卫照相馆，云裳理发店改成了工农兵理发店，赖汤圆改成了成都汤圆，张鸭子成了支农饭店，夫妻肺片也改成了新新饮食部。陈麻婆豆腐把"麻婆"二字删除,叫麻辣豆腐,店铺改名为文胜饭店,意为为"文革"胜利而战斗,寓意不可谓不深。别处老的东西总会得到保护,在成都许多老的东西都被破坏掉了。能够代表成都这座历史文化名城的文化符号全都荡然无存,幸好武侯祠和杜甫草堂还在,华西坝中外合璧的博物建筑群还在,也只是作为文化盆景点缀在水泥丛林之中,使成都变成没有文化遗迹的历史文化名城。

但这场改名运动并没有持续很久,不久所有的名字又都改了回来,对于那一小段改名的插曲,今天的成都人大多并不知晓,只有经历过那一段历史的老人才有一段记忆,这还需要有一个前提条件:记性好!对于如我这种记性差的人,如果不借助于史料,不仅记不住这种历史上的小插曲,连老成都种种旧有的生活场景也快忘光了。

# 四、自发形成的图书市场

人们大多知道,"破四旧"破掉了许多东西,特别是图书,但有谁知道当年那些抄家抄来的大量图书和文物字画并没有全部被送往垃圾场和造纸厂,其中有许多便通过春熙路的图书市场被偷偷地卖给了淘书者和收藏者。成都自古是一个重要的文物图书集散地,哪怕到了今天它仍是中国四大文物图书市场之一,有那么多的古旧图书和文物至今仍在市面上流通,这应该归功于当年在春熙路自发形成的图书黑市交易。

那时并没有工商行政管理部门,市场的形成完全是自发,每天有许多汽车、架架车拉着各类书籍和字画来此叾卖给小贩,其价格之便宜让今天的收藏者大跌眼镜。笔者曾在这里花两元钱买了一套《静静的顿河》,小贩还搭送了一本《牡丹亭》。在这里,许多名家字画可以花两三元钱就买到,许多购买者还嫌太贵要一再砍价。四川大学许多著名学者的手稿或笔记几元钱一麻袋还没有人要,要知道这些东西现在都是文物,只有在博物馆或档案馆里才能见到。名人字画、小品根本没有人要，大画也是一大卷十几幅趸卖，几十元就可以拿走，一些识货的人因此捡了便宜。其实，成都有收藏的传统，识货的人并不少，一般的成都人家，只要是成都的老住户，大多都有几件传家的宝藏。即便不是文物，东西放久了也总有它的价值，譬如老酒、老古玩等，哪怕是明清时期的纸张存到现在也是收藏佳品，更不要说这些纸张上还有某位著名人物的手迹。

1967年，孙中山铜像后的图书地下交易市场基本形成，大家先是偷偷摸摸交易，后来便公然兴盛起来。红卫兵小将们把抄来的东西打给小贩，赚了几个小钱就去耀华餐厅搓一顿，或者换一顶军帽，那时很时兴戴军帽背军挎，如果还有一条军用皮带，操成自扎，军服的领口还要戴一副口罩，口罩塞进衣缝，只留两根白带子在外面，这是典型的操哥造型。

当年的成都是操哥操妹的海洋，穿着军便服，戴着红袖套的红卫兵满街游走，那时成都已没有完好的路灯和公共设施，连玻璃橱窗也少见，所有可以砸烂的东西全都被砸烂，一切目标都被弹弓击中，春熙路早已面目全非，奇怪的是夏天居然还有卖冰棍的，四分钱一支。说是冰棍，实际就是糖精加色素的冷冻制品，在当时也能够卖钱，且吃得贪嘴的少年们一个个喜笑颜开。那种年月可以吃的东西实在太少，一个人一月供应二两糖果，还要凭票，饭店里也不是天天都有俏荤卖，最好的职业竟是卖肉的刀儿匠，因为可以多啖几口不要肉票的猪肉，搞得人人羡慕不已。就在这样的情形下还有一个地下图书市场，这就不能不令人称奇。

那些图书大多来自成都各大中学或文化单位，书一来就是几卡车，一麻袋一麻袋的，其买卖也是按一麻袋多少钱计算，当时一套《战争与和平》居然只卖5角钱，与废品的价格无异。其他理论读物被称为"打脑壳"的，根本无人问津，被撕得稀烂，到处乱飞。其实许多书画根本不用买，去捡人家丢弃的或撕破了不要的留到今天也会发财。有人就捡到了书法家颜楷的书法，当时书法被人撕成两半丢在路边，那人捡回去装裱好成了他家的镇宅之宝。后来他拿去，鉴定专家居然认定是真迹，你说这世上的事情奇也不奇。读到这里有人会认为这是杜撰，没有经历过那段历史的人对许多事情都不会理解，这在所难免。在历史的某一个疯狂的节点发生一些令人匪夷所思的事情确实在所难免。

市场上除了字画和图书外，也有各种票证的交易，当时最俏的是全国粮票，可以用像章或军帽以物易物。来这里淘书的并不完全是收藏家，也有许多求知者。在那种年月，没有图书馆，书店里除了几本样板书别无他物，学校也关闭，要想求到一点知识，只好到这露天图书馆来淘宝。

春熙路图书市场毕竟是黑市，到这里来淘书要冒很大的风险，那时没有城管，有的是群众专政，他们被叫作工人纠察队，戴着红袖套，突然从暗处冒出来，一来一大帮，对黑市进行围剿。许多书被搜走，或当场被撕毁，特别是那些名家字画被撕得七零八落，让人痛心。春熙路书市在红卫兵上山下乡后消沉过一段时间，后被改造成龙池书肆又经营了多年，直到重修春熙路将花园拆除改建成中山广场。

## 五、春熙路的改造

春熙路的再度繁荣是在二十世纪八十年代末，与紧邻的青年路一起，成为中外闻名的"西南第一街"。1992年春熙路夜市形成，一个夜市的摊位转手就可以卖4万或5万元。2001年5月春熙路开始扩建，到2002年2月改建完成，一条传承着成都千年历史文化传统的百年老街又焕发了青春，体现着崭新时尚风貌重新开通，开通当天就有10万人涌上街头，春熙路真正成了寸土寸金的商业文脉叠加之地。

改造后的春熙路是一条步行街，中山广场是春熙路的街标。春熙路的改造设计是从800多套方案中选出，其设计者为杭州的刘国元。春熙路北口有用花岗石雕刻而成的成都风俗浮雕艺术墙，墙上描绘了唐代成都的八大景观：庙会、花会、灯会、采桑、芙蓉、濯锦、织锦、酿酒。

春熙路是成都人流最集中的地方，每天的人流量达 30 万人次。在 20 公顷的区域内集中了 700 余家商业网络，春熙路是四川的橱窗，它曾在《新周刊》推出的全国首个"商业街排行榜"中排名第三。排名前十位的还有香港铜锣湾、上海南京路、北京王府井等。成都的春熙路位居第三的理由主要在于它的养眼指数和美食指数，另外较高的是休憩指数、人气指数和商业指数。这还是十多年前的情形，新近的情况更加可观，因为成都每年接待的游客数早已超过了 2 亿，春熙路上的人数自然不可同日而语。

春熙路上如云的美女除了为这条街增添商业意味之外，还增添了生气和活泼，而数不胜数的美食又使游人有胃不够装的感觉。

因为春熙路旁的科甲巷的改造与春熙路连成一体，使春熙路的地位得到进一步的提升，再加上红星路步行街的建成，使这里形成了成都最负盛名的商圈。关于科甲巷也有说道，含有科举中甲之意，因明清时各县举子赴省城应试者多住在此街的旅店而得名。清朝咸丰八年（1858 年），太平天国翼王石达开与其儿子在科甲巷被秘密杀害，这为这条小巷染上了神秘和悲壮的色彩。科甲巷在改造前几乎全是卖服装的小店，因是砖木结构的老房子经常被火灾困扰，改建后的科甲巷保留了老街的气质，又显现着现代的风貌，是春熙路繁华的延续。

人们说："城市掘金哪里去，春熙路；品味时尚哪里去，春熙路；打望美女哪里去，春熙路；大快朵颐哪里去，还是春熙路；哪里都不想去，也只有去春熙路。"人们到了成都没有去过春熙路、杜甫草堂和武侯祠，就等于没有到过成都。春熙路是一种气质，一种诱惑，一个招牌和一种风尚，在这条数百米的长街上逛一遍，也就把成都式的生活方式浏览了一遍，这就是漫不经心而又激情四射、休闲而又勤奋、浪漫而不浪费、惊艳而又欣喜的生活方式。

春熙路是物质的，却又是精神的；它是一种象征，又是实实在在的存在。它是一条百年金街和历史的长河。春熙路就是春熙路，她长于成都，彰显于成都，发达于成都，还将使成都名扬天下。

就在笔者写这篇文章时，西成高铁开通了，从西安到达成都的时间缩短到了3个多小时，这使无数的西安人都想涌向成都，逛一逛春熙路。过去从十三朝都城到天府之国，中间横亘着秦岭，"蜀道之难，难于上青天"，今天已是通途。今后要修通的还有成贵高铁、成兰高铁……无数条铁路在等待开通，连康定也有通往成都的铁路在建。十年后的春熙路会是一个什么景象，世界第二高楼已在成都建成？每天数百万游客穿行在成都？他们会来春熙路吗？2017年成都就有超过2亿的来访者，十年二十年后来此的人将是今天的十倍？抑或一百倍？这不是天方夜谭，也许那时的新式交通工具一个小时或半小时已穿过了半个地球，100年之后往返火星可能也只是一小时的过程，那时的春熙路也不过200年的街龄而已。

今天春熙路两侧的建筑基本上都拆旧建新，只剩一座建于1914年的锦华馆还依稀保留着当年的迹象。锦华馆无疑是春熙路百年历史的见证者，它处在一条现代化的商业街上，以自己古典的风格讲述着一条肇始于商贾、发命于官府、兴盛于今朝的商街的演义。

蜀
都
遗
韵

记
忆
留
存
的
历
史
余
味

# 百米码头水津街

　　成都的水津街地处城区东南部。清代街西侧有府河渡口，水运繁盛。"津"即为渡口或码头，街由此得名。早先的水津街南起水井街西口，接外东上河坝街，北至天福街，1996 年府南河综合整治改造后，南起滨江东路，北至芷泉街。

　　老成都人大多知道出成都东门大桥往右是一条通往九眼桥、望江楼的老街，与合江亭隔河相望。这条街约呈"L"形，整条街不过百米之遥，街面是成都特有的那种吊脚楼，沿河的街面多有窄巷石梯通向河边，河边是一些水码头，用红砂条石砌筑，这种条石大多产自龙泉山或川南一带，经不住风化，所以川中许多用条石修建的建筑，不管是房屋还是堤坝大多容易损毁。当年修城墙和"蜀王城"不用这种产自龙泉的条石，主要是因为它不够坚固，且风化严重。当然做桥墩也不用这种材质的石料。

　　水津街毕竟是贫民街，不比那些庄严的大建筑，图的是便宜。东大街上铺路的青石板也不是这种红砂石，用的都是雅安大山里产的石料，雅安产的石料，包括大理石都很著名，但成本太高，运输也很困难，所以水津街建水码头时多选用龙泉的红砂石料，甚至连铺路的石板也是这种便宜货，毕竟龙泉离成都很近，运输也方便，道路很快便被踩踏得坑坑洼洼，凹凸不平。水津街边的水码头泊靠往来船只，当年成都的航运颇为发达，人们进城出城大多是乘船，城内有多条通航的河道，航运极为便利。

成都自古以来就被两江环绕，这两江就是府河和南河，此外还有从西向东横贯城中的金河，环流皇城的御河，及磨底河、沙河、干河……数不清的河在涌动。河岸垂柳，两岸架桥。当年城内有五十多座池塘，两百多座古桥，池塘被密如蛛网的河道连接，可渔可舟，那是一幅水乡的景色。可惜这种景象早已荡然无存。连当年马可·波罗见了街道两旁纵横交错的河流、河中来往航行的舟船、河中戏水的孩童都会想起他的家乡威尼斯而流连忘返。因此成都就有了"东方威尼斯"之称，这主要是指成都的水系密布。而对这一水乡景象，马可·波罗只能发出阵阵惊叹。成都当年是一座水城，而非今天这样的一座旱城，成都人生活在水边，在廊桥上贸易，在船头易货，在河岸边观景，在河岸边上的酒肆茶楼慢啜细饮，沐浴着柔柔的河风，这是何等的天国盛景。

李白感慨的"蜀道难，难于上青天"指的是陆路，这条路修在崇山峻岭之间，大多是险要的栈道，一直通往长安，所以从北入川的人们要感慨这条道路的险要。而成都有一条水路——府南河流经成都城下，蜿蜒而达嘉州（乐山），通叙府（宜宾），经重庆而下长江。至建国初期，成都至乐山仍可通行载重 10 吨的木船。上行运食盐、木柴和条石，下行载百货及商旅行人，其繁忙的程度是今天的人所无法想象的。成都自古以来之所以能成为中国西南的商品集散地，与府南河交通的便利是分不开的。

公元前 308 年，司马错率巴蜀众十万，大船万艘，米六百万斛，浮江伐楚，取得军事上的胜利，可见当年的府南河不仅具有交通的功能，更有军事上的意义。五代时王建、孟知祥在成都称帝，都曾将水军战船沿江而上，在南河检阅水军，那是何等的气派，何等的气魄。从中我们可以想见当年南河有多宽广，可以承载庞大的水军进行检阅。今人站在今天的南河岸根本不可能想象出当年的盛景。今天的南河只算是一条水沟，连快艇在里面航行也吃力，真是今不如昔。

回到水津街来，这条街在成都历史上的重要地位是因为它是成都有名的柴市。旧时四川不产煤，成都人烧的都是木柴。木柴有两个来源，一是从灌县顺水漂来的木柴，另一个就是"南路柴"。成都南边的新津、大邑、邛崃等地被称为南路，这些地方的柴靠水路运到成都，而水路码头正好聚集到东门的水津街。

　　水津街上有很多柴店，老板们直接去码头进货，都是趸买散卖。打趸买下的柴很便宜，但数量大，一般市民和小户人家买不起，也没有地方堆放，更重要的是这些柴一方面要晾干，另一方面还要分门别类加以处理。譬如青冈和杂木，柴质不同，价格也不同。那种粗大的圆木还得把它改小，捆成把把柴，那些挑夫、车夫、帮佣清早起来找到了活路，挣了几个铜板才去柴店买两捆把把柴，称一升米，买两样小菜回家度日。大户人家买的就是趸货，有专门的板板车为他们送柴上门，柴一般都是论车订价。大户人家买的是灌口柴，这些柴都是大山里面砍的参天大树，柴质好，经烧。小户人家喜欢的是南路柴，主要是因为它能夹桴炭。成都人在冬天有烤烘笼的习惯，一人提一个烘笼，里面烤着红苕或土豆，他们把手烤暖和了，把评书听完了，茶也喝完了，烘笼里的土豆也烤软活了。穷日子有穷日子的过法，富日子有富日子的讲究，大户人家的少爷小姐们烤的是炭盆，铜制的火盆里烧的是青冈或松木，青冈熬火，松木有很浓的木质香味，有钱人哪怕烧火也贪图享受，最后连灰烬也有人收走，那是最好的肥料。

　　在公路不发达的年代，水运是最便捷的交通，所以柴店大多靠水而兴。特别是在夏天，水丰的季节柴价十分便宜，有钱的人家就要备柴，在专门的柴房里存货，以备水枯的冬季之用。小户人家或贩夫走卒在水丰的时节买不起多余的柴，在水枯时节更没有多余的闲钱买柴，就只能去买"豁皮"（树的边角余料和树皮）。这种柴很不容易点燃，烟子又大又呛人，但价格很低，是穷人的首选。连做家具刨出来的"刨花"也有人买，这是点火的好材料。锯木面的价格更低，一般都作为废料，但穷人拿回家去可以用来盖火。所以没有一样东西是废物，就连树疙瘩都有人家烧，且燃得灶膛里噼啪作响，又有油脂溢出来嗞嗞地响，穷日子就这样对付过去了。

水津街临河的建筑多为吊脚楼，开的是临河的红锅馆子，因为离柴店近，用量又大且可以赊账，所以开馆子的很多。一般馆子的楼下是烧木柴的大灶，油烧得滚着浓烟，锅里炒的大多是猪肝牛杂。另一口锅是长明火，一年到头都不熄火的蒸锅，蒸笼垒起比人还高，蒸腾着热气，有粉蒸肉和甜烧白，还有肉包子之类，客人点了便可以直接从蒸笼里取出来，将扣碗里的蒸菜翻进盘子上桌，客人们一个个吃得笑嘻了。

如果要点河鲜也不费事，当年府河里的水清花亮色，鱼虾肥美，店家直接从打鱼船家手中将鱼买下，用麻绳网兜拴在自家店下的河边，有客人点时从网里捞出来现杀现做。豆瓣自然是郫县的，豆豉是临江寺的，清油是温江的，豆腐乳是唐场的，连柴禾也是灌县漂来的杉木，有杉树的木头味道，用这些佐料一炒一烹，做出来的菜简直说不出的好吃。

川菜的资格味道大多在这种小店里，大餐馆讲究的是排场，而这种小馆子往往能做出令人意想不到的怪味奇味。懂得鉴赏川味的人找的就是这种苍蝇馆子，花很少的钱可以吃到令人终生难忘的奇妙味道。那种不懂川味的食客才会跑到排场很大的馆子里去受人宰割。穿着制服的侍者用银盘子将菜端出来，用包金的筷子替客人夹入昂贵的瓷器中。在那里菜的滋味一点都不敢恭维，银子却数出去不少。许多搞懂了的人千里迢迢来到成都也要走街串巷，在这种小店里重温旧时的菜肴滋味。

这种临河的馆子大堂一般都在楼上，客人们凭窗远眺着江景，品着河鲜，喝的是附近水井街上酒坊酿出的白酒，兴致所至，还可以点两首卖唱瞎子唱的川剧段子。偏偏店家又是一女流，她本是一文人家的闺秀，不仅琴棋书画样样来得，且样儿还俊，只是家道中落，不得不在这临河边的铺子里为谋生抛头露面，做几样菜肴贴补家用。她家的小店屋矮破旧，店里光线很暗，但楼上的厅堂还算亮堂，桌椅板凳都擦得干干净净，墙上还挂着几幅字画，那是她祖上的文墨，透着几许沧桑。来这小店的大多是些落魄文人，或是市井平民，他们穿得虽很破旧，但一律干净，举止也都文明，他们要两样小菜仔细地品啊，不多言不多语，更不猜拳划令地喧哗。这便是当年水津街上的生活风情。

水津街上柴店多，最怕的就是火，一旦失火，那些板板房、吊脚楼无法招架。所以临着一条街就是水井街，水井街顾名思义，各家各户都打井，旧时成都的地下水位很高，挖地三尺就是水，又临着河，所以打井很容易，每个门洞门楣上都钉有一个井字牌，表明这里可以取水灭火。在清朝光绪年间，水井街的街北还建有火神庙供奉火神，祈求街面的平安。成都的老城民，一听见"烧房子"的呼救声，一个个腿都吓软了。当时街上还有连片的草房子，只需要一眨眼的工夫，火借风势，草房子就化为灰烬，连同那些瓦房，也很快在"毕毕剥剥"的火烧声中变成冒烟的废墟。

那时在主要的街巷口子及大小公馆的天井内都安置有红砂石或青石板打制的太平缸，缸里面装的水就是用来灭火的。城内灭火主要的取水源还是河道，城内外有府河和南河，穿城而过的还有金河，皇城周围有御河，不靠河的就只有靠水井了。

民国初，成都城内有街巷 516 条，有井 2515 眼，几乎每条街巷都有水井。据《成都通览》记载，水井的水质均好，清花亮色，适合饮用。清朝年间成都的街巷还只有 438 条，小巷子有 113 条，这么多的街巷总有火灾发生，火一烧起来就是半条街或一条巷子，所以川西民居大多建有风火墙，这是隔离火灾的。但沿街店铺都是木板结构，这便于开闭做生意，但一旦烧起来就是火烧连营。城墙上的贫民窟大多是篾笆棚棚，一烧起来就是连片，城墙上风又大，把茅草吹上天形成火老鸦，从城墙上飞下来，掉在哪条街上那里就是一片火海。所以有水井的地方，不论是街巷还是院坝都立有"井"字碑，提示人们取水救火。

清光绪十八年（1892年），成都北门的草市街、北大街口建有火神庙一座。这座庙占地两条街，方圆数十亩，三重大殿，气势宏伟，庙前还建有戏台，逢年过节庙门大开，广设香火祭祀火神。人们对这种仪式十分重视，正是因为当年火灾连发，人们这才把这种仪式举办得十分隆重。可惜火神庙建成才三十多年后的1925年，一场大火就将火神庙烧光，而著名的双眼井虽就在庙侧不远，仍因火势太大救不了急，火神没有保住火神庙。

回到水津街上来，水津街上还有许多小杂院，其房屋大多是穿斗木结构，院落大多是小青瓦和红砂条石墙基，被爬地虎覆盖。一个院坝套一个院坝，层层回环，错综复杂，通道狭窄，住户密密麻麻。因人口不断增多，正房旁边又搭偏房，用的材料大多是就地取材，将那些还算结实的木柴拼凑起来，年生一久显得陈旧破败。水津街上的院落像迷宫一般，建得毫无章法，成都人修房子根本不考虑朝向，东西南北不分，想怎么建就怎么建，所以水津街一带的大小杂院显得杂乱无章。许多在这条街上居住了多年的老街坊走进这种迷宫也会找不着北，那些外地人来到此地，不迷路才怪。这种情形随着府南河的改造早已面目全非。二十世纪五十年代成都居民就开始烧煤，现在更是烧天然气，那种烧柴度日的日子已成历史，而水津街口也矗立起了现代化的五星级宾馆香格里拉，真是沧海桑田，今非昔比。

· 161 ·

# 异地重建九眼桥

　　成都的桥很多，有名有姓的古桥有两百多座，无名的小桥简直数不胜数。这自然是因为成都是一座河流纵横的水网城市。桥的主要功能是交通，当然，除了交通的功能之外，它还有其他辅助的功能。桥大多选择在河流的要津之处，在没有桥的岁月，这里就是渡口，是人流集中的地点，因而人气很旺，桥梁也就有了商贾的便利。成都的廊桥就是一处贸易场所。但并不是所有的桥梁都能够承载这些功能，必须是那种要冲之地的重要桥梁，有丰厚的文化背景，能够聚敛人气和财气。又是那种大码头，不仅能够养活生意人，还能养活大量的下苦力者。九眼桥正是这些桥梁中最重要的一座。

　　九眼桥所处的位置尤为重要，在成都的桥梁中，它所起的作用类似于北京的天桥，这里桥头桥尾挤满了买卖的商人、卖打药的幺师、算卦的瞎子、杂耍的艺人，等等。

　　今天的九眼桥已不是过去的那座九眼桥，而且连地点也已改变，在九眼桥的原地上建了一座立交桥，于是在望江公园后门又仿建了一座九眼桥，也是石栏杆，石桥面的九拱桥。1992 年冬老九眼桥拆去，这座始建于明朝万历二十一年（1593 年），古名宏济桥、锁江桥，在清朝乾隆五十三年（1788 年）补修时改名为九眼桥，乾隆五十五年（1790 年）重修的老成都古桥，连同在它的桥洞下发生过的无数往事也如烟而逝。

# 一、九眼桥的贫民窟和收荒匠的市场

九眼桥的码头是过去成都的交通枢纽。从九眼桥启程的都是木船，货物要运到乐山才改用轮船运往重庆，到了重庆则改乘大轮船。九眼桥是如此重要的水陆码头，也就集中了船夫、轿夫、收荒匠、擦皮鞋的、推车的、抬滑竿的、拉黄包车的……九眼桥头最重要的一个职业是指路的，因从下江来的客商很多，他们大多来成都办货，没有专业指导路径的指路人把他们带到各种专业市场，就有可能在城里打转转摸不到方向。成都各种市场专业化程度很高，有分门别类的海椒市、肥猪市、骡马市和盐市口、草市街……外地人很容易走偏，有了指路人的牵引就解决了这个问题。

那些小商小贩也都盯上了九眼桥这块风水宝地，在附近开起了鸡毛店、酒馆、苍蝇馆子、竹椅茶铺、鸦片馆，贩夫走卒们在码头上挣了钱就去这些地方消费。下苦力的人挣的都是血汗钱，自然住宿和吃饭的地方东西越便宜越好，他们讲的是划算。特别是那些赌钱的铺子，穷人几毛钱或几块钱也可以进去押宝，辛辛苦苦挣来的血汗钱这么一眨眼的工夫就被人家"烫"了，只好蔫妥妥地走出来又去揽活，下苦力挣出钱来又来翻本。但许多人一生都没有机会翻转来，最终缩在九眼桥的桥洞下，死了连裹尸的烂席子也弄不到一张，被人掀进河中，顺水冲到下游，因为胀了水肚子鼓得很圆，被船夫一棒子打爆，这才能沉入水底喂鱼。旧时将这种上游冲下来的尸首唤作"水打棒"，这就是穷人的下场。

旧社会穷人生活无着，对未来也不抱什么希望，加上鸦片贩子吹嘘说鸦片不仅可以使人忘记悲痛，更可以提神长力气，使得许多下苦力的都染上了烟瘾，只能靠鸦片来麻醉神经。当年的九眼桥生意最火爆的就数鸦片馆，大桥周围的棚户区是一家家烟馆，睡床上睡着一具具形如枯槁的烟民，架子上摆着烟枪，如鬼火般的幽暗灯光下一个个吞云吐雾，不时有拉客的皮条客在这些棚户间穿梭，他们在为暗娼和野鸡拉生意，将这些穷苦人拉进附近的鸡毛店。烟民们过足了烟瘾有了精神，自然要逛窑子，皮条客们便巧舌如簧，起劲地招徕生意，将那些乡下拐骗来的女人吹成仙女。穷苦人往往并没有钱，他们在桥头等待雇主，雇他们往货船上上货卸货，如果有活路谈妥，老板往往需先付一笔钱供挑夫们出火，所谓出火就是让挑夫们过烟瘾、逛窑子和大吃一顿，挑夫们才会好好干活。穷苦的人往往对生活失去幻想和期望，只能今朝有酒今朝醉，他们靠一身苦力买生活，等力气和血汗被榨干之后只能去当"水打棒"，了此残生。

当年的九眼桥亦是收荒匠的集中地点之一，因这里居住的穷人居多，操此业的人就多。九眼桥附近又有很多垃圾山，收荒匠在这里占据一块地盘，别人丢弃的废品他们可以捷足先登。城里也有一些收荒匠的码头，如皇城坝的大煤山、文武路附近的安全巷，等等，但是因为九眼桥交通便捷，所以数这里的码头大。比起其他贩夫走卒来，收荒匠具有一定的心理优势，因为收荒匠除了要有力气之外，还要有一点本钱，还要有一点眼光，某天若收到一幅名人字画或家传的古器，这个收荒匠就发了，所以相比其他行当的人，他们前途更远大，因而行价要高一些。

别的地方收荒匠都是单操，个人干个人的，而九眼桥一带的收荒匠则是拉帮结伙。面对成都最大的水运码头，面对堆积如山的货物，单干是搞不定的，需得有帮手，何况码头上的龙头老大各自划了地盘，不是这个帮行的收荒匠，休得染指半步，否则就要请你去吃"讲茶"，轻则罚钱，重则下膀子打断腿，让你永远不能在码头上混。九眼桥的收荒匠划分成收木材边角余料的、收古旧家具的、收破铜烂铁的、收破书旧刊的、收古董文物的、收盗墓浮财的……行业分得十分精细。

收荒匠发财不在平常年月，在于动乱之年，在动乱之中很多大户人家衰败，特别在战乱之中，有钱的人家要举家迁徙，就要廉价出卖家产，这时收荒匠们便拉帮结伙估买估卖，某个帮团盯上了这桩生意，别的团伙便不得参与，然后这伙人等便挑三拣四，指出物品的缺陷和漏洞，大杀其价。卖家如果不是破败或要逃难也不会变卖家产，只好三钱不值两钱将东西出手，让收荒匠发财。特别是遇上了那种吃了官司的人家，收荒匠们便欣喜若狂，奔走相告，这意味着一桩大生意又起砍了。收荒匠们日夜盯着这户人家，并分工合作，有打听官司进程的，有估价这户人家家财状况的，当探得这家人官司落败，要用重金应付时，这伙人就打上门去，大肆收购别人家的物品。这家人最终连老宅也变卖干净，只有收荒匠个个弄得盆满钵满，这就叫发横财。

当年九眼桥一带的收荒匠不同于今天意义上的收荒匠，只收一点破铜烂铁、烂棉花旧蚊帐，收这些东西永远发不了大财，要乘人之危收到破落人家的家财，才能吃得挺起。哪怕到了今天，高级的收荒匠也不收废书报，他们收的是电脑和空调之类的家电，还有收二手车的、收旧摩托的，等等，最高档的收荒匠收的是古董和字画，收到一笔他们可以吃三年五年，至于那种收二手房的所谓房屋中介，看中了某个地段，估计要拆迁，或遇上房主急等着变现，他们就将房价压至最低收入囊中，然后出租给别人，等时机成熟再出手，就有翻倍翻十几倍的利润。

当年九眼桥的收荒匠收的是船货，船主帮人垫钱进了货运至九眼桥却等不到货家，货物压舱不出手就意味着更大的损失，只好找收荒匠来帮忙出货，这时东西只好贱卖，虽然心痛但也无法。收荒匠仿佛吃腐肉的秃鹫，把落难者尸骨舔食干净，最后连血迹也不留下。收荒匠的行话叫"接血"，这就是当年九眼桥一带生活的写照。

## 二、跑滩匠的乐园

在九眼桥一带混的除了贩夫走卒之外，最显眼的就是跑滩匠。这里有卖打药的，有杂耍的，有唱莲花闹的，有耍猴的，还有人贩子、川川、掮客和贩牛贩马的人等。成都著名的跑滩地点一是"扯谎坝"皇城，另一个去处就是九眼桥。跑滩匠们在桥头扯敞子，所谓"卖钱不卖钱，摊摊要扯圆"。他们先要把阵式扯起，吆吼着把看客、观众吸引来，这叫打眼风、热场、润起。

到九眼桥跑滩成了一种惯例，哪怕到了今天，桥头上仍然有许多刻章的、卖花的、兜售假发票的和当家教的。那些包包客见城管不在，马上把包包打开摆出各种货品开始出售，从花裤衩到打火机，一应俱全。只要有人一喊："城管来了！"包包客们将包包一收，狡兔一般躲得无影无踪。等城管一过，他们又神不知鬼不觉地梭出来，生意又红火地做起来。

成都四方的客人为什么都喜欢在九眼桥头做生意这无法考证，但有一点是可以肯定的：这就是方便。桥头人来人往，自行车一停就开始交易，人们过一趟桥把想买的和不想买的都买了，哪怕买的是假货也无所谓，那么便宜的价钱不用丢掉也不可惜。有一段时间九眼桥头还成了成都的劳务市场，每天成百上千的打工仔、小保姆、厨子、泥水匠等待着雇主的光临，这几乎同二十世纪二三十年代的情形相似，几十年以前成都的大户人家要请一个厨子或找一个佣人就是到九眼桥头晃一圈，女主人从桥的这头晃到桥的那头就把人选敲定了。那些从成都附近乡坝头来的乡下人到成都来讨生活，就是在九眼桥头等待大户人家的女主人来物色，更多的是管家或账房先生来挑人，许多绸缎庄或茶叶行也是来桥头挑打杂的小厮。

九眼桥也有专门的人牙子，这种人负责为大户人家介绍佣人，遇上那种老实巴交的乡下人，他们干脆把她们骗到妓院或南路上的客栈去卖了，所以人牙子最为可恨，他们一个个鬼眉鬼眼地在桥头上游荡，寻找目标，一旦有某个良家妇女或乡坝头来的小子被他们盯上，一场人间悲剧就又要发生。

经过几十年的变迁，这座桥早已旧貌换新颜，但桥风依然，百年不变，这恐怕是习惯使然。进城来的打工仔不去人才市场，还是喜欢来这里找活路，尽管有城管一再劝导，效果并不好。骗子们一个个巧舌如簧，就像俗话说的："饶你奸似鬼，喝了老娘的洗脚水。"无数的乡下人被骗到陕西去卖了还在帮人数钱。

当年跑滩匠们去桥头为了将人气聚拢，扯开敞子就开始吼叫，还时不时来两下子，成都人叫"扯把子"。扯敞子的人分两种：一种是讨钱的，另一种是卖打药、耗子药、解酒药或补药的。卖打药的不是棍棍棒棒一阵假打，就是用砖头砸头，或吞火吞剑，其中最让人心悬的就是吃玻璃的。他们给人看的是真玻璃，但吃下去的是冰糖做的假玻璃，他们把人的眼睛看大了就开始卖药，卖的自然都是假药，但买者甚众。买药的其中有许多是托儿，是花钱雇来的，演技非常业余，居然就有人要上当。有一个卖打药的一时走眼将真玻璃误吞下肚，当场吐出鲜血，看客大喊快吃打药，卖打药的情知无用，回去呻唤了几天就一命呜呼，被人扔进河中当了"水打棒"。当然也有硬功夫，用大石板压在肚子上，让人用大锤猛砸，看得人大喊"唉呀"！结果不是人死而是石裂，于是看客们赶紧掏钱。还有用大刀对砍的，砍得血流如注，等人们把钱丢满帽子，对砍的人这才将"红墨水"擦干净，若无其事地撤退。看客们这才知道上了大当，但不长记性，下次看见别人的血飚出来又赶紧送钱，社会的法则就是如此，否则，操扁褂的如何生存？

更哄人的是卖豹子皮的，他们卖的全是狗皮，卖前在鸡毛店里用毛笔连夜画了圈圈，连八十岁的老太太都能看出来，贩子如簧的巧舌居然可以骗住许多妇女，回家取了银圆将"狗皮"当成"豹子皮"买回去。这种把戏耍了几年，上当的人多了就要不下去，但清静几年，骗子们如法炮制，又回来在桥头跑滩，上当的人仍然不少。一茬接一茬的人前赴后继冲到受骗上当的队伍中。以前上当的人怪他们不识字、文化低，但今天的人文化已不低，有些还受过高等教育，照样受骗上当。唯一不变的是骗子的文化永远不高，他们的骗技也算不上有多高明，但总是屡试不爽，不管是乡下人、知识分子通吃，这才是最耐人寻味之处。

到了一年一度的端午节就要赛龙舟，这时九眼桥一带跑滩的就开始了挣钱的黄金季节。他们先就各自占了地盘把摊摊扯圆，各种杂耍，包括川剧、杂技、曲艺、武术、滚灯、吐火、变脸等都粉墨登场。连河中的大小篷篷船，不管是渡船还是货船，甚至是渔船都张灯结彩，赶来凑热闹。当年的九眼桥下有许多住家船，穷人家在岸上没有住处只好住在船舱中，在船上升火做饭，终年宿在船中。那年月府河的水很大，沿河两岸并没有什么工厂，整个成都才只有两根半烟囱，成都基本上是一座消费城市，所以河道很干净，住在船中并不感到憋闷，甚至还可以成天到晚张开渔网，有愿者上钩，让船家享受一顿鱼味。

难熬的是冬季，河中风大，十分寒冷，船上又没有取暖设备，这让穷人感到时日难熬。但总比住桥洞好，桥洞中河风更大，而且铺满了草席子，人一走位置就被人占了，为了一个铺位打架割孽的事时有发生，以至于闹出人命。人穷得上无片瓦，下无插针之地就是这种情形。

但不管穷到何种地步，在龙舟赛期间还是要乐一乐的，期间除了有鸭子可以抢，还有各种奖品摆出来：雄黄酒和糯米糕，还有腌腊的猪肉牛肉、各色粽子，等等，这些对参赛的人有很大的吸引力。除了在河中赛龙舟外，最令人激动的就数捉鸭子，谁捉住归谁所有，河岸上看的人大声喧哗，河中捉的人更是起劲，这种传统一直流传至今，乃至于端午节赛龙舟和捉鸭子成了一个很特别的节目。

今天九眼桥的码头早已拆除，据说成都的码头要建在下游的乐山，建成后可以通行五千吨级的船舶，大渡河从沙湾流过，在乐山同青衣江一起汇入岷江，这自古以来就是一条黄金水道，不知当年的盛景是否可以再现，人们拭目以待。

## 三、古老的传说

九眼桥在成都的出名除了它的地理位置以外，还因为一些传说，其中最著名的就是"桥似弯弓塔似箭"。原来明朝万历时期在九眼桥南侧原宋代东山白塔寺废墟的地址上，当时的布政使余一龙在修建九眼桥时又在这里兴建了回澜塔。四川许多沿河而建的城镇都修有镇河妖的宝塔，九眼桥回澜塔的修建大概也是这个意思。农民起义首领张献忠于明崇祯十七年（1644 年）攻入成都，在成都建立了大西政权。张献忠总觉得自己的政权不稳定，站在皇城里望见了九眼桥和回澜塔，他认为这桥像一张弯弓，那塔就似一支箭，可以直射金銮殿，这是不祥的征兆，于是派人去把塔拆了。当时之所以只拆了塔而没有拆桥是因为九眼桥是交通要道，拆了不便，而且光有弓没有了箭也就破了那个咒。张献忠是个杀人魔王，在败走成都时杀人如麻，当年有 40 万人口的成都，最后只剩下 20 余户，这是题外之话。

另一则传说留存于成都民间，说有一个官太太被官老爷休了，一时想不通便从九眼桥跳下去，结果在上游的合江亭才把尸首捞起来。令人不解之处是为什么下游的尸体会在上游找到，原来这正印证了成都民间的传说：死婆娘都是浮上水的。

这一章写的是九眼桥的桥洞，从中可以看出九眼桥是成都最市民化的居住区，成都人说谁穷就说："你穷得来蹲桥洞。"如果说谁翻梢发达了，就说："你从九眼桥的桥洞里拱出来了！"成都本来就是一座平民化的城市，成都最发达的总是市民文化，一座桥的桥风代表的是一座城市的风格，因而，古老的九眼桥的拆除是成都城市文化的巨大损失。

# 深藏在陕西街的陕西会馆

　　现在的成都人很少有人知道陕西会馆的存在，这座建筑隐藏在陕西街蓉城饭店里面，庄重的建筑基本保持完好，它在当年的成都曾是一处热闹的所在，很能勾起老成都的记忆。陕西会馆飞檐翘首，钩心斗角，回廊曲折，庄重典雅，是典型的中国古典建筑造型。会馆门前卧着两只石狮子。会馆前是一庭院，有拱形的小桥，桥下的小渠里有红色锦鲤在游动。院中两棵高大的银杏树不仅展示着自己的古老年轮，也见证了这处会馆的悠久历史。

　　当年陕民们常在会馆里聚会，或品茶、或观戏、或祭祖，或商讨商业生意，或结成同乡联盟，这使陕西会馆成为陕民的精神家园。会馆也唱戏，唱的都是川剧。很少有陕西的剧团到来，偶尔来一次唱一盘秦腔，会馆里就人头攒动。那种年月从陕地来一趟巴蜀交通确实不便，要走小一个月。宝成线开工后成都到西安也要十几个小时，因为要翻越秦岭，这是最大的阻隔。今天的情形已大不一样，高铁的速度本就很快，穿的又是山洞，所以三个多小时就可到达西安。

　　陕西街本名并不叫陕西街，而叫芙蓉街，也有传说它叫芙蓉花街，因成都本是芙蓉城，五代时后蜀主孟昶倡导在成都城墙上遍种芙蓉，于是"四十里如锦绣"。连孟昶的贵妃也叫花蕊夫人，她喜欢花花草草，尤其喜爱芙蓉花，这与芙蓉街的得名是否有什么瓜葛不得而知。

陕西街紧邻红照壁，因紧靠皇城根儿，都是著名的街道。二十世纪三四十年代，大量陕民入川，这里成了陕民的聚集地。陕民中不乏有钱有势的商人，他们每天请戏班子唱戏，这个时期他们已有能力请来秦腔的班子，秦腔班子不远万里从陕西赶来，就是为了让陕人听一听家乡的声腔，感受一下乡趣。

陕西会馆办会，一来是为了聚集人气，另一个目的就是改街名。陕民自有陕民的办法，看戏都是免费的，成都人特别爱听戏，不管是京剧还是越剧，也不管是川剧还是秦腔，只要热闹就是他们的所爱。所有戏剧中，川剧是最闹热的一种，又是敲锣又是打鼓，又是变脸又是吐火，又是滚灯又是高腔……相比之下秦腔要安静得多，且多是悲剧，很赚成都人的眼泪。包括陕西的文人也以写悲剧见长，陕地毕竟寒苦，特别是陕北，生活艰辛，悲剧就特别多。到了近代八百里秦川因为缺水变得也不滋润，渭河多数时间都是干涸的，不似成都有都江堰的灌溉之便，一年四季都不缺水，所以相对秦腔，川剧的喜剧成分更重，所以陕西会馆一演秦腔，来看稀奇的川人比陕西老乡更加来劲。

免费看戏这一招正中下怀，等戏班子把场子扯圆后，就向大人小孩散糖果，请他们喊出新街名陕西街，孩子们吃人嘴软，久而久之，陕西街的名头自然盖过了芙蓉街，以至于到了今天已无人知晓这条街的本名"芙蓉街"。这里有一个注脚，芙蓉街之所以得名是因为街内有芙蓉桥，说明这里曾是通河的。清康熙二年（1663 年），陕西籍移民在此修建会馆。

陕西街和红照壁街都是成都有钱人的聚居地，这两地的建筑风格与成都别处都不一样。鼓楼街一带大多是木板的吊脚楼，宽窄巷子是北方风格的四合院，青羊宫和北巷子、南巷子一带是典型的川西民居，水津街、水井街直到九眼桥一带则是迷宫般的大院套小院，而红照壁和陕西街的有钱人所住的公馆都带有一点洋气。这里的公馆都是前后花园，有些房子还有哥特式尖顶，屋里的厅堂还设有壁橱。陕西街北原有川军师长张清平私宅，1935 年蒋介石来成都时以此为行馆。蒋介石一生多次来到成都，在成都的许多街道留下足迹。到台湾去之前的七天他就是在成都度过的，期间他还去华西坝的牙症医院镶了假牙。当时给他镶牙的是著名教授吉士道。

蒋介石和宋美龄在华西坝留下的照片不多，那时宋美龄还不算老，风韵还在，她指示在华西后坝办了奶牛场，以此改变国民的营养状况，可惜华西后坝现在已不存在，变成了水泥丛林，奶牛场自然成了传说，年轻的成都人根本就不知道它存在过。但在当年这可是一件让成都人惊奇的事情。喝过牛奶的成都人并不多，又都是些良种，成都人把这件事想象得很神奇，几乎传成了神话，那些产奶的自然就是神牛。

陕西街又分出许多岔路，这些巷子类似于人民公园附近的半边巷，是些死巷子，巷子里只有住户，少有店铺，因而显得幽深安静。大大小小的公馆和洋楼排在街巷中，几乎都是西式风格，但又有中式元素，或外西内中，有很多台阶，屋檐上装饰着或中或西的图案，而且大多是石材建筑，与成都别处的木板房有很大的不同。这些公馆因院落较大，中华人民共和国成立后大多成了一些大机关的办公场所，诸如高教局、人事厅、卫生厅等，后因办公场所改扩建，许多别墅和小楼被拆除，修成了火柴盒似的大楼。比较起来陕西街上院落比宽窄巷子的院落更宽大，更精美，因而更有价值，但因为是大机关的所在地，拆除得更彻底。宽窄巷子的院落多是小家小院，住的多是贩夫走卒，多为大杂院，不能承载大机关办公，因而拆除的很少，反而被保护了下来。

陕西街因是商人聚集之地，茶馆就特别多。茶馆多是堂馆，这与宽窄巷子的茶馆不同，宽窄巷子大多是街边茶馆，三五竹椅在街边一摆，鸟笼子在树上一挂就开张了。陕西街是当年的交通要道，所以茶馆都开在堂内。

每天清早茶房就开始生火，烧的是木柴，五六十年代才改烧焦炭，也有烧蜂窝煤的，所以很呛人，加上茶馆里抽叶子烟和纸烟的人太多，搞得馆内空气污浊。茶客们在茶馆里大声地交谈，谈的大多是生意上的事。上个世纪三四十年代茶馆里还有"国事免谈"的告示，提醒茶客管好嘴巴。这与别处的茶馆有很大的不同，别处茶馆中的茶客多是贩夫走卒，议论的是些柴米油盐，而陕西街居住的大多是达官贵人，自然谈论的话题除了生意就是国事。

对于茶客来说，能有空闲坐一坐茶馆，与三五友人小聚也是一大乐趣，何况茶馆周围有许多小吃摊，陕民入川带来了许多面食的做法，趁着泡茶馆的功夫把平时难得吃到的小吃也尝了，这就在乐趣之中又加了乐趣。成都人喜欢冲壳子，摆龙门阵，过嘴瘾。这就是成都人为什么爱上茶馆的原因之一，毕竟在家里喝茶没有听众，娘娘姆姆的话题又提不起兴趣。但在茶馆里就不同，三教九流无所不包，东拉西扯都有意趣。然后斗牌、掏耳朵、揉肩、观鸟斗、看杂耍、打麻将、斗蛐蛐、啄瞌睡、听评书、看折子戏、押登登宝（赌钱）……茶馆里的名堂多得很，市廛井俚的小道消息也少不了，张家长李家短的评论也来两句，蒋介石坐镇成都组织川西会战的新闻也悄悄摆一番，乃至于诸葛亮在成都的所作所为、司马相如在成都的风流倜傥、前朝后换通通是下茶的好话题。

茶馆里喧哗热闹，只要到了成都，不管你是土著还是移民，通通都要进入茶馆的这种氛围，并喜欢上这种生活方式。

茶馆大多临街，木结构的平房居多，也有设在院坝里的，叫坝坝茶，这是爱晒太阳的茶客的最爱。一走进院坝刚一落座，就听有人在喊：

"来客的茶钱我给了！"

于是场子中四处都在喊："收我的，收我的！"

"这儿来拿，我开喽"。

当年一碗茶钱极薄，三分到四分不等，哪怕是最拮据的茶客也能支付。何况茶客大多有固定的吃茶处，在一家茶馆坐久了彼此都成了茶友，今天你请客，明天我给钱，喊得十分热闹也才几分几毛的勾当，但关系融洽，付钱的人心安理得，吃请的人也很有面子。在茶馆里争着替你付钱的人越多，越说明你的人缘和地位，所以爱体面的人就喜欢去茶馆听这种吆喝，并对邻里熟人炫耀：

"大爷我吃茶都不用开关。"

今天茶馆都变成了茶庄、茶府、茶堂，一碗茶少则十元二十元，多的则上百，还有上千元一壶的极品茶，茶客们虽然仍沿袭旧有的吆喝，并做出争着付钱的架势，但诚心付钱的毕竟越来越少，那种要面子又不想付账的"老砍"半天掏不出钱来，好不容易把钱掏出来了钞票又往往夹在钱包中很难露脸。更有那种装模作样的主喊声比谁都大，光打雷不下雨，连掏钱的样子都省略了，等别人把茶钱付过后他还要喊一声"开票"！其实他并不要发票，而是想帮忙抠奖，中那种上万元的大奖不敢奢望，但中五元十元小奖的可能是存在的，一旦中了他就要大喊：

"请客请客！！"

这就为下一次不付茶钱吃白伙食埋下了伏笔。

茶馆也是算命的场所，在茶馆里算命的先生不比街头的算命子，街头的算命子大多是瞎子或丐帮，只能唬那种下三烂，混的也只是锅盔钱。而茶馆里的算命先生要考究得多。一袭的青衣长衫，戴着金丝眼镜，有的还镶了金牙，意即金口难开，但装了假牙的绝不能暴露，因为装了假牙不能保证不说假话，请你算命的就少了！那个时代的假牙技术成色太低，在嘴里很不稳定，动不动就会暗器般从嘴里弹出，作为算命的这就很致命，给人算命时突然嘴里射出一个暗器，这很恐怖。所以在茶馆中算命先生总是紧闭着嘴，总之弄得越神秘，越体面，越装神弄鬼，越有卖相。

茶客过足了烟瘾泡上一杯浓浓的香片，把算命先生请过来，算命先生用《周易》掐指一算，说得又玄又神，茶客愈惶恐愈有命运被人掌握了的无奈和焦灼。

茶馆里的算命先生吃的都是玄钱，这就要看谁的眼水好，要会认人，否则没有找准对象，玄钱没有吃到，反挨了两记耳光，这不仅丢人还煞风景。当然，找准了冤大头，把他鼓吹得来了兴致，赏你几个白花花的银圆也是有的，当年，一个三口之家一月的生活费也才一两个银圆，有了这笔可观的收入可以半个月不开张，尽吃闲茶也无所谓，这就叫不开张则罢，开张吃三月。

还有那种半仙或神算子，在某一个区域或街道有了一点小名气，要找他算命的茶客要预约或排队。纹银是不能少付的，而且不讨价还价。见了面算命的故作惊讶状，吆喝一声"你有血灾"，被算命的心都揪紧了，而算命的只是想㖞一点㖞回锅肉的钱，如此被算命的就要出血寻求解方，而算命的靠这种手段钱财滚滚而进，被算命的就要在茶馆里消失很长一段时间，是遵照算命先生的提示出去躲灾了。

陕西街历来有缝纫的传统，二十世纪三四十年代这里就有一些出名的缝纫店，店里可以做正规的西装。当年华西坝许多名教授都来陕西街做西装。到了八十年代陕西街成了缝纫一条街，无数的缝纫店开起来。那时成都还很少有时装店，人们看了外国电视剧就跑来找店家比划，那些土里土气的店家还真有这种手艺，看过电视凭记忆就可以做出那种服装，虽然并不完全相像，却也能满足顾客的猎奇心理。至于那座庄重的陕西会馆，现今已成了蓉城饭店的一部分，一些怀旧的老外还爱在里面住一住，或要一杯茶，拿一本老成都的旧书仔细读，不知还能不能读出昔日成都的古老感觉。

二十世纪九十年代城市建设时，为打通东城根街南延线，把陕西街分割成东西两段。东起人民南路一段，对梨花街西至金盾路，穿文翁路接君平街。被分割的陕西街变得惨不忍睹。一条街道一旦被改头换面就像人被五马分尸失去了活气，也失去了作为一条街道的文化底蕴。

陕西会馆又称三元宫，供奉关羽。每年农历五月十三日相传为关羽生日，会馆便会举办祭祀仪式，唱大戏，前面说过除了川戏，还会

· 175 ·

邀请秦腔班子从陕地赶来为陕人表演。

陕西会馆内有药王庙，农历四月二十八日要举行传统的药王会，这一天求医拜神的人特别多，给药王敬香，请戏班子唱戏。病人或家属对这里供奉的药王十分虔诚，他们会十步一叩首，五步一跪拜，以图消灾免病。到这里来拜药王的甚至有从陕西赶来的香客，他们不仅是为了来求神拜佛，还要求药，药王会期间有许多名医会在这里设堂义诊，据说病人抓的药十分灵验。晚上还要举行盛大的行帮宴席，不仅医生和药铺掌柜要聚餐，切磋技艺，就连香客也可参加进去，和医家、药家讨论病情。由此可见当年药王会的宏大场面。

陕西街内有观音堂，雍正十年（1732 年）由陕民捐建。另有清代所建的节孝祠，街北建有岱庙，是五代后蜀所建，明代洪武年间重修。岱庙内有孔子塑像，为铁制。陕西街上还有基督教卫理公会福音堂，原名美以美会福音堂，还有教会设立的华美女子中学。抗日战争时燕京大学入川寄设于此。东头的启化小学也是美以美会所办。成都的华西协合大学是由英、美、加三国的五个教会所创办，美以美会即是五个教会之一，可见美以美会在成都历史上开办了多项文化产业。

陕西街上还有教会创办的存仁医院，始建于清光绪二十年（1894 年），为成都首家西医医院，亦是成都华西医院的前身。1904 年总督锡良又创办了四川军医学堂和附属四川陆军医院，这也是开创了四川最早的西医学校和官办西医院的先河。由此也可以发现医道是陕西街的主要特色之一，它在成都的医学史上留下了重彩的一笔。

# 玉沙路的刘文辉公馆

　　现今的玉沙路已不是旧时意义上的玉沙路，过去的玉沙路在城区的东北部，分为成平街、西玉沙街、东玉沙街和贵州馆街。先说成平街，这是太升北路至帘官公所街的一段，清代名叫积裕当街，因街内有积裕当铺而得名，清末改名成平街。贵州馆街因街内有贵州会馆而得名，为贵州籍移民所建，奉祀唐代南霁云，南霁云俗称黑神，故又称黑神庙。西玉沙街和东玉沙街都是光绪末年改的名。中华人民共和国成立后扩建街道，合并了以上四条街，1965 年命名为新华东路二段。1988 年扩建新华大道后更名为玉沙路。这就是这些街道的沿革，成都的街道都有其沿革，名字改来改去，如果你不了解这种沿革，对那些奇奇怪怪的街道名称的由来会一头雾水。

　　玉沙路上有贵州会馆，所以曾被命名为贵州馆街，这同陕西街因有陕西会馆而由芙蓉街更名为陕西街如出一辙。成都是一个移民城市，每一地的人来到成都都要拉帮结伙，搞些同乡会或会馆之类的机构，这才能使人们在异地互相帮衬，站稳脚跟。陕西街之名一直流传至今，而贵州馆街之名早被废弃，这同一个地方的势力强大与否有关。毕竟，陕西帮是一个乡土气息更重、商业力量更强、更有凝聚力的帮会，而贵州会馆的号召力就要弱得多。

　　这条街的改动真是太大，早已面目全非。成都许多老街道的命运莫不如此。无数的老街坊回到他们生活过的故地，茫然之色无法掩饰，因为他们记忆中的片段被破碎得无法拼接。有些老街道只是一个名字，在它的故址上没有任何符号可以同旧时的记忆连接。而有些干脆连名字都不存在，成了另一世界，这就使许多老街坊茫然若失。

故地重游是如今一些城市最无法完成的旅游项目，故地确实还是故地，但早已物是人非，它还能叫故地吗？玉沙街的情形就是如此。

玉沙街之所以著名是因为这里在二十世纪四十年代曾是四川政坛举足轻重的人物、擅长纵横捭阖之术的军阀刘文辉的公馆所在地。军阀在成都建公馆多是将旧有的大户人家的破落院坝买来改造扩建，将旧房改造成洋房。也有将几个院落合并成一个，建成大洋房的。例如多子巷的刘湘公馆，将军街的杨森公馆，方池街的李家钰公馆，长发街15号潘文华私宅花园等。刘文辉的公馆也是这种格局，两层的小洋楼，彩色玻璃落地窗，红木地板，考究的天花板，有前后花园，种了各种名贵花木，还养着金鱼。

刘湘喜欢在公馆里宴请部下，出名的醪糟红烧肉就是刘湘公馆宴客的一道风味名菜。状元骆成骧的公馆在文庙前街的骆状元巷，骆府宴客的名菜是清炖粉蒸肉。刘文辉也喜欢请人吃饭，席桌上要上很多大邑县的名小吃，其中一道烧血旺十分特别，血旺入口即化，但煮在锅里，端上餐桌不会散架，用筷子夹起来也成型，妙就妙在这里。

二十世纪三十年代刘文辉便青云直上，当上了四川省主席，地盘不断扩大。在统一四川的战斗中，他打垮了包括田颂尧和邓锡侯在内的别的军阀。他在同其侄儿刘湘的大战中败北，被赶到边远的西康。刘文辉在鼎盛时期曾拥有七个师、二十多个旅、十四万余人的军队、八十一个县的地盘。1929年3月，成都旧督署衙门张灯结彩，蒋介石的代表亲自捧了四川省主席的大印授给刘文辉，这是刘文辉一生中的顶峰。当年他同刘湘、杨森、刘成勋、邓锡侯、田颂尧、赖心辉等群雄鼎立，互相争雄，后各派纷纷失势，只剩刘文辉与刘湘并举。

刘文辉与刘湘为了争夺四川的全面统治发动内战，这场战争持续了两年之久，战线绵延千里，双方投入兵力数十万，死亡士兵六万多人，最终以刘文辉失败告终。当时，刘文辉惨状环生，在新津仓皇出逃，卫兵只带了他的鸦片烟枪逃出来，一直跑到雅安才停住脚。这同刘文辉当年的辉煌形成反差。刘文辉本来是很能打的，但刘湘也不弱，叔侄俩战斗多年想不到会是这种结局。

失败后的刘文辉无比凄凉，八十一个县的地盘只剩下雅安一隅，部下纷纷离去，十余万雄师也只剩下两万余人，繁华只是一梦。当年的军阀都是乌合之众，聚集起来声势浩大，一旦失势则作鸟兽散。四川的政坛仿佛唱川剧般换来换去，城头也不断变换大旗。想当年杨森督理成都的时候是何等张扬，又撤东大街，又建春熙路，后来被刘湘赶到了宜宾，最终顺江而下到汉口，到洛阳，投靠吴佩孚。所以浮华只是一梦。从 1939 年出任西康省主席，到 1949 年以西康省主席和二十四军军长身份同邓锡侯、潘文华等在彭县通电起义，十年间刘文辉重又缓过气来。

新玉沙街的刘公馆可谓气派，这是典型的川西院落，从外表上看不出异样。刘文辉卧室尤其宽大，他本人喜欢躲在舒适的牙床上烧大烟。卧室是一间古香古色的暖房，幽微的灯光下可见墙上挂着一幅张大千画的长轴《川康风情》，当年张大千深入康定画了一些精品，将其中的一幅送给了刘文辉。刘文辉在新玉沙街的公馆中设有密室，里面收藏的金银财宝和名人字画数不胜数。刘文辉当了多年西康省主席，对西康省尤为熟悉，每每当他躺在大牙床上吞云吐雾，欣赏着张大千的这幅名画，心中自然会有许多难以言表的联想。西康无比辽阔，风景如画，又紧靠四川，首府设在雅安。雅安离刘文辉的老家大邑并不远，刘家又是安仁镇上的显门，镇上亦有刘氏家族几十座公馆，每座公馆都建得辉煌，尤以刘文彩的地主庄园为甚。

建在成都玉沙街上的这座刘文辉的公馆并不比大邑乡下的那些公馆逊色，只是风格不太相同，显得更加洋气而已。成都解放前夕，在刘文辉宣布起义，弃暗投明之后，蒋介石因此对成都防卫司令盛文下达了命令，脸上杀气腾腾，他要对刘公馆下手了。

　　这天半夜时分，十几辆美式大卡车蜂拥而至新玉沙街的刘文辉公馆门前，车还未停稳，篷布便被拉开，从车上滚下一群荷枪实弹的军警。他们把枪栓拉得哗哗响，以图造成恐怖的气氛。其中有许多士兵武装到牙齿，他们是盛文的直属卫队，不仅装备有轻武器，还有小型的重武器。一声令下，士兵们已攀过院墙，爬上房顶，将公馆围得水泄不通。包围刘公馆的盛文手下的两个连，由一名师长亲自带队指挥。战斗在瞬间展开，机关枪朝着院落的每一个隐蔽点开火，打得砖瓦破碎四溅。但一层层的院落没有传出惊慌声和反抗声，一片死寂。据说刘文辉的卫队战斗力极强，装备也是一流的美式武器，队员都是从各个部队里挑选出来的忠诚亲信，这时他们都到哪里去了？

　　盛文派出的指挥战斗的师长叫陈岗陵，他见公馆内没有抵抗，便下了加强火力的命令。刘文辉的公馆所处的新玉沙路当年是条小街，装甲车和坦克无法开进去，这时又处在成都即将解放的前夜，形势敏感，所以盛文在接到蒋介石的命令后想迅速结束战斗。这时刘文辉、邓锡侯和潘文华几位起义将军已在彭县的隆兴寺，他们一边召开紧急会议，一边通电全国宣布起义，当时有二十多起四川军队来电响应，这令蒋介石感到无奈和绝望。大厦将倾，云南的卢汉起义，蒋介石的亲信郭汝瑰也背叛了他，四起的起义之声不断地接踵而至，使蒋介石感到无可挽回。他本想拔掉彭县隆兴寺刘文辉起义的据点，但这时他早已鞭长莫及，只能把怨气发在成都新玉沙路上的刘文辉公馆。

　　在刘文辉的公馆里仍有数十人的卫队在把守，刘文辉的家眷已撤离，卫队队员各自选好隐蔽点同盛文的搜剿部队对垒，准备决一死战。

　　大炮朝着公馆大门开火，这是美式无后坐力大炮，向大门打了两发炮弹。公馆的大门非常坚固，但也经不住炮轰，很快就被炸飞。大部队正要往里冲锋时，公馆卫队进行还击，卫队的火力虽不及攻击部队，但因选取的位置十分精确，所以还击得力，将冲锋的部队挡在前院无法进入。师长陈岗陵又调来几挺重机枪加强火力，手榴弹不断从院墙外扔进院坝，院子里火光冲天，而有些流弹击中了附近居民的住房，老百姓惊慌失措，躲在床下桌下，但民宅还是不断发出中了流弹的百姓冤死的惨叫。

成都发生过无数次巷战，每次巷战都殃及老百姓，死伤惨重。但以前军阀在城里争斗时有五老七贤出来调停，为老百姓说话，因此避免了多次纠纷，老百姓多有得益。在临近成都解放这段时间，五老七贤的力量早已式微。他们老的老，死的死，剩下的也无力出面奔走呼号，即便他们出来调停也不再具有当年的那种影响力，所以老百姓的处境更加悲惨。

这次对刘文辉公馆的攻击动用了各种武器，火力很猛，公馆的破坏程度很大，附近老百姓的住房结构本来就不坚固，多为砖木结构，所以破坏自然不轻。木结构的吊脚楼或木板房最怕大火焚烧。大火烧了半条街，盛文的部队已压制住了刘文辉卫队的火力并蜂拥而入，在院子里一间间房子进行搜索，并不时将手榴弹投进去。卫队抵抗越来越无力，剩余卫队留下多具尸体爬墙而去，其余的仆人女佣除了死伤的皆被俘获。没有跑掉的仆人活下来的也不多，且缺胳膊断腿，这正是劫难之后共有的情形。

战斗平息后，盛文的官兵开始在刘公馆内搜寻宝物。谁都知道刘文辉同他的哥哥刘文彩一样是富甲一方的富豪。刘氏兄弟不仅在川西老家安仁镇富可敌国，在成都的刘文辉公馆里也是珠宝满箱，金银满柜。士兵们四处打洞，逐屋打砸，将抬不走的名贵家具弄得腿断桌裂，而这些家具不是金丝楠木就是红木，很多是文物，都遭了大劫。各类的花草也遭了大祸，被弄得枝残叶落。据史料记载，这次浩劫以发现金库为高潮。原来金库并不在正房中，而在花园中一处不引人注意的平房的地下室。金库的暴露是因为平房被炸药炸塌了一角，露出了水泥墙壁中的钢板和钢筋。士兵向军官报告，军官起了疑，命令士兵用手榴弹炸，因钢片被炸飞，还击中了两名爆破手，致一死一伤，但终于将金库打开。

闻讯而来的官兵开始抢劫金库中的宝藏，他们将无数的名人字画撕得粉碎，其实真正值钱的正是这些字画，愚蠢的大兵们只对金银财宝感兴趣，将名人字画踩来踩去，视若无睹。刘文辉的金库中主要的藏品正是字画，刘文辉最喜与文人交往，许多名家大师都是他的座上宾，经常在他家行走，他也会定期宴请这些名流，所以收藏有大量名家字画，这些字画可与当时著名的贲园和博物馆媲美，但遭了这次劫难所剩无几。尤为可惜的是，这些字画大多被破坏了，并不是被劫走了。

名贵的中药材像熊胆、虫草之类撒得遍地都是。值钱的金条、银圆、珠宝、翡翠被士兵一抢而空，急红了眼的军官甚至开枪杀人，有一个浑身上下塞满金条的士兵被当官的当场击毙，金条全被搜去。当官的还没有走出公馆又被另外的枪手杀死，金条又被夺走。当兵的并不懂得文物的价值，那些古董被他们随手砸在墙上，成了碎片。玉器也被人扔来扔去无人问津。只有银圆和金银最抢手，发了财的官兵一个个溜之大吉，这么多的金银到手够他们终生享用了。但这也只是臆断，许多人还没逃出城去就成了死鬼，逃出城去的也逃不过盗匪的剪径。自古以来无数的商贾大亨有谁将金山银库保住？敛财者顶多能够维系三代，更多的连一代也传不下去。人的一生中要经历三穷三富，但有谁能够明白个中的趣味？人为财死，鸟为食亡。大千世界永远都在遵循这条颠扑不破的真理。

抢劫闹出的动静很大，终于惊动了盛文，他火速赶来，美吉普刹车的声音老远就可以听到，车还没有停稳他就大声喳呼，命令陈岗陵将装甲车挪开，原来装甲车将路口堵死，一切车辆都不能开进刘文辉的公馆中去。从公馆中出来的士兵一个个喜气洋洋，大包小包的，连手脚最慢没有搞到珠宝的也抢了一包丝绸准备私吞，气得盛文火冒三丈。盛文立即成立了清查委员会，责令陈岗陵严查他的士兵，又调来了自己的警卫连换防。陈岗陵的士兵三个走脱了两个，都携财潜逃，剩下的全都被搜身，抢来的财宝又被人夺走，真是大鱼吃小鱼，小鱼吃虾虾，虾虾吃泥巴。

刘文辉公馆金库现身，刺激了盛文，连胡宗南也被惊动，最终连蒋介石也闻知了信息。蒋介石本来是要抓人的，结果除了伙夫就是车夫，有用的人一个没有抓到，尸体倒是躺了一地，只好退而求其次，在经济上争取有所收获。当年的财政早已崩溃，新中国成立前夕国民党统治区物价飞涨，一口袋钞票还买不到一个锅盔，1947年的物价比1937年飞涨了6万倍，过去能买一个公馆的钱现在只能买一张床。所以，得知刘文辉公馆里启出这么多金银财宝，上面就下令挖地三尺，扩大收获。

蒋介石本来以为可以抓到刘文辉的夫人和三姨太，至少也能抓几个核心人物，以此要挟在彭县的刘文辉等人，结果一无所获，就有些气急败坏。于是一层层命令传下来，对刘公馆一寸寸地进行挖掘。刘公馆被翻了个底朝天，士兵们从各个角落里不断挖出装有金条玉器古玩的保险柜。有几个保险柜装的竟是金牛金人的铸品，还有装满名人字画的铁柜，士兵们对张船山或张大千、齐白石及古代的郑板桥、董其昌、文徵明等等一概不知，干脆一把火将其烧得精光。文化巨匠们努力地写诗作画，在历史上留下的东西却不多，正是因为中国历史战乱太多，能够幸存下来的作品少之又少，能够保存的东西自然都是珍品，单是刘文辉的收藏就是一个巨大的宝库，其损失无法估量。

这是成都解放前夕发生在玉沙路刘文辉公馆的一段往事，今天这座巨大的公馆早已不在，真是时过境迁。历史上有过许多的大收藏家、大富豪，他们的藏品车载斗量，但真正能够一代代传世的不多。据说蒋介石撤离成都时派人在刘公馆埋设了许多地雷和炸药，设想有一天公馆中的人返还时会被炸得血肉横飞，果然，刘公馆被解除封锁后，一些想发横财的人摸进公馆去想打启发，结果被炸得粉身碎骨。一同被葬送的还有这座大院套小院，甬道连过厅的公馆。刘氏庄园素来出名，不仅大邑县安仁镇上十几座刘氏公馆金碧辉煌，连玉沙路上的这座刘文辉公馆也堪称川西公馆建筑的精品之作，只是安仁镇的公馆仍在，成都玉沙路的公馆却无觅处也。

# 状元街和状元巷及状元府第

　　成都有两条以状元命名的街道，自然，这两条街道都因住过状元而得名。状元街曾是明朝嘉靖年间新都人杨慎（杨升庵）的府第。状元巷则是四川最后一个状元、资中人骆成骧的居所所在地，他所居住过的这条街原称骆状元巷，但音讹传为落酱园巷。

　　成都的状元街和骆状元巷已无觅处，状元街现已是一片建筑工地，在此处拔地而起的是一个高层建筑群，而骆状元巷十个成都人有九个不知其出处，剩下的一个如我者也要靠查证资料来补充记忆。一个古老的城市已没有古迹可寻，只能在博物馆和资料馆找寻城市的遗迹，这是令人可悲可叹的事情，幸亏这是两个声名显赫的状元，倘是民间古韵，失传的更是十之八九。

　　状元街是从市中心的红照壁、光华街路口一直通到指挥街、菸袋巷的一条小街，这曾经是成都有名的家具一条街，又曾因在这条街的52号有公安拘留所存在，所以成都人对犯了法的人戏称为"去状52吃二二三"，意即关押在里面早上只有二两稀饭，中午是二两干饭，晚上是二两稀饭加一两馒头。状52早已迁往别处，犯人的伙食也改善为每天至少有一顿回锅肉，所以今人，特别是"80后"或"90后"之辈便无从想象困难时期人们对粮食的渴望。而且把拘留所设在城市的中心地带也是气定神闲的举动，一般关押之所都要设在深山老林，但那个时代都设在市里，如宁夏街和九如村，但名气最大的还是状 52，在状元府第近旁关押犯人实在也是一种壮举。

据说杨升庵的府第共有九个四合院，大小九个天井，其格局同新都的杨升庵故居"桂湖"有异曲同工之妙，只是规模上远远不及桂湖大，仅有两三亩而已，毕竟成都和新都有大城和小城之别，何况是在明朝年间，这种区别就更加显著。

杨升庵是明朝武宗时殿试状元，考取这一年他 24 岁。一般文人入仕大多会卷入政治漩涡，这一点杨升庵如此，骆成骧亦如此。杨升庵勇于直谏而两次得罪皇帝，受廷杖，被谪戍云南永昌卫，直到 71 岁时死于戍所。骆成骧更是政治的牺牲品，1895 年年中会试，接着他随进士们一起参加殿试，其策论文章被主考官大学士徐桐排列为第三名呈给光绪皇帝，这表明了主考官对录取名次的意见，第一名原本是喻长霖，光绪皇帝看了前两篇文章以后没有什么表示，看了骆成骧的文章欣然点头，对主考官徐桐说：

"朕欲以此人点元如何？"

徐桐当即回答："谨遵圣裁！"

光绪之所以看重骆成骧的文章是因为他不愿当亡国之君，更不愿受制于人当一个傀儡。骆文看穿了皇帝心事，在策论开头就写道：

"传曰：'主忧臣辱，主辱臣死'。此即臣发愤忘死之日也！"

这无疑会触动深怀忧愤和屈辱的光绪皇帝的心。他在文章中句句触动到了光绪皇帝的心事，自然受到赏识而中元。不久，慈禧发动政变，光绪皇帝被幽禁，六君子倒在血泊中，康有为、梁启超逃往国外，维新运动惨遭夭折。受过光绪皇帝青睐的骆成骧自然失宠，骆成骧心灰意冷，于 1912 年打道回府，寓居于成都。

从在成都居住过的这两位状元的身世可以看出文人从政是多么无力，他们完全被当权者玩于掌股，但历代文人不长记性，他们前赴后继地跃入政治漩涡，一代又一代地被拖进污水淤泥而不能自拔，这一点从屈原、司马迁始有记载，然后源源不断，惨剧不断生成。这是题外之言。

杨升庵贬官回家乡新都，路过成都，身作素衣，潦倒沮丧，他走进磨子街一家小店，病困于此一月余，此时年关临近，店家索要店钱，杨升庵称钱不会少你的，还要多给，请你相信我，再过一阵子如何？店家看他是一位读书人，知书达理，而且气质不同凡响，起码也是一个秀才。而在当时平民百姓对读书人十分敬畏，文人的名声不似当今这么滥，越是文盲时代读书人越有优越感，店家可能是那个时代的文人追星族，也就依了杨升庵赊账的请求。

这里说了，文人最风光的是在文盲时代，在知识分子集中的地方谁会盲目地崇拜读书人？文人在一起会相轻，打肚皮官司，相见时握手，相背时诋毁，在这个世界上文人最大的冤家就是文人，整文人最凶的也是文人。没有文化连字都不识的人，反而敬重读书人，以为读书人有什么改天换地的本事可以照顾文盲，杨升庵当时享受的就是这种待遇。当下杨升庵叫店家拿来文房四宝，写下：

"人家有年我无年，

替主充军杨状元。"

字一贴出就引来无数围观者。人们对这位落难的状元困居于一家鸡毛小店深表同情，于是满城热议，惊动了总督大人。总督大人立即派车前去迎接，那毕竟是一个信息不发达的时代，没有电报电话，更没有微信之类的传播工具，落魄状元的境遇无人知晓。相见后总督以为杨升庵是钦差驾到，微服私访，所以当下跪拜，任随杨升庵如何解释，越说越深沉，并叫来店家，当面付清杨状元所欠住店费42两银子，又赏银百两，让店家发了一点小财，欢天喜地而去。关键是发了财的店家绝不会闭嘴，他会四处显摆，并放大他的所得，不经意间为自己的鸡毛店作一广告，毕竟开一辈子店能够遇上状元公的事情仅此一回，不拿来做点文章岂不可惜。何况店家自认为是个善人，没有因为杨状元没有盘缠就把他轰走，照常理他会这么干，但因为心善得到了好报，才有这样传世的故事发生。

在信息不畅通的年代有许多坏处，也有好处，起码让杨升庵受用了一番而不担心被人识破，总督大人又不可能通过卫星可视电话或互联网同皇帝老倌对质。

总督大人是杨升庵的追星族，羡慕杨状元的才学和人品，他叫随行的审台、道台、布政三司衙门官员都来拜杨状元为师，又设盛宴为他接风洗尘。总督为了讨好杨状元，表示想在磨子街为他修一座状元府，省城离杨升庵的家乡新都很近，可以方便杨来省城住宿。杨升庵半推半就，不久，总督就命人将磨子街的那家鸡毛店迁走，在原址上盖了一座府第。杨升庵在此居住了不到两年就被奸臣探知此事，奏明皇上，皇上降旨改杨升庵充军到云南边远的永昌卫（今云南保山市、大理市一带）请罪立功。这就是坏事变好事，好事变坏事的过程。那位店家因得了一点蝇头小利连店子都被人算计了，而杨状元因白捡了一个府第被弄去充军，这世上的事情总是充满了如此众多的机缘巧合。仅仅享受了两年的杨升庵付出了毕生的代价，最后死在充军之地。

相比之下，骆成骧的境况要自由一些，因为他所处的时代是清末民初。清朝灭亡后不久，袁世凯上台，准备复辟当皇帝，他授意杨度等人成立筹安会，鼓吹帝制。为笼络人心，袁世凯派成都知县找到骆成骧，劝他出山，担任川、滇、黔筹安会会长。骆成骧大怒，把来人骂得狗血淋头，将其撵出门去。1915 年袁世凯称帝，蔡锷在云南宣布独立，率领护国军在四川和四川督军陈宦的北洋军队开战。陈宦是骆成骧的学生，看到举国讨袁的形势，原是袁世凯心腹的他也没有了主意，就到老师骆成骧家中找老师商量。骆成骧给陈宦出了个高明的主意，让他联合蔡锷给南京的冯国璋发了一封密电，说袁世凯如果失败就推冯国璋当大总统。本就有野心的冯国璋接到密电后暗自高兴，他按兵不动，就是不帮袁世凯的忙。骆成骧为陈宦代拟了三道讨伐袁世凯的电稿，并自信地说要气死国贼。

三道电报在 1916 年 5 月相继发出，前两道口气还比较温和，只是劝袁世凯退位而已，第三道电文则让袁世凯气得暴跳如雷。电文表示四川与袁世凯断绝关系。袁世凯万万没有想到,自己的心腹陈宧也会反对自己,真是人心大变!不久,袁世凯在一片讨伐声中退了位,随即一命归西。这正应了骆成骧要气死国贼的话,骆成骧对自己拟的三道催命电颇为满意。

骆成骧晚年居住在成都的骆状元巷,人们尊他为成都的五老七贤之一,并位列七贤之首。骆成骧被人称为布衣状元,受到成都百姓的尊重。他为官多年,却是家无恒产,厨灶屡空。他所居住的骆状元巷地处成都文庙西街附近。当年骆成骧中举后就有人建议在他老家修建一座府第,被他婉言谢绝。这一点骆状元就比杨状元强,杨状元是对总督的好意半推半就,这就导致了他下半生的悲惨。

骆成骧在成都的状元府第十分简陋、寒碜。骆公馆是一廛中等大小的平房院落,别说与省里显要权贵的朱门华屋相比,就是跟一般富商人家的公馆比也相形见绌。骆宅门前只有一块"衡门栖迟"四字的木质横楣,这与状元府第相去甚远。但院落中却有别致而突出的一处,面对着南城废堞的围墙边,临池筑起了一座两层高的,大约五丈见方的楼房。这是状元公的读书之处。他每晚回到卧室还要朗诵古诗至深夜才入睡。这房子被骆状元起名叫"清漪楼"。楼外可见一片碧波微漾,清明如镜的上莲池水。这一幽居坐落在离市较远的僻静城边,笼竹柳丝,竟无半点尘嚣之气,确实是一处修身养性的好去处。所以骆府俭朴中透着一种高雅,可谓宁静而致远的境界。

骆成骧寓居成都时"贫不能自食",但是却屡辞民政不就,只靠教书度日。状元家无恒产,不买田置地,长子骆敬瞻1920年从柏林工业大学留学回来任四川造币厂工程师,月薪百元,加上状元本人国学院工资,以此维持全家生活,对于权贵们的馈赠他都加以拒绝。

1926年夏天,骆成骧在家中病逝,灵柩要运回资中安葬。出殡当天,成都老百姓自发组织起来沿街护送骆状元回乡。随行的人越来越多,把道路都堵塞了。灵柩从文庙西街的骆状元巷骆府出发,直到太阳偏西才行至牛市口,从中可见这位清代四川唯一状元是多么受百姓的爱戴。

成都的状元街历经沧桑，这条街曾是公馆聚集之处。他最早被成都人叫成"转圆街"，因这条街上有许多磨坊，其中的磨子转得最圆，于是又有"磨子街"的叫法。这条街因杨升庵而得名后，清代在其街口有一石制牌坊，上书"状元街"街名。1930 年秋，作家李劼人在状元街东口与指挥街交界处开了一家"小雅"餐馆，这一年他辞去了成都大学教授一职，安心于烹饪，并想以此为业养活自己。四川的文人大多对菜品上心，不是会品，就是会调，或者二者兼顾。著名的东坡肘子就是一例。当时成都文化界和教育界人士多来小雅捧场。

成都的街道文气很重，典故很多，每一条街都是一道文脉，纵横交错于成都平原的这片水网地带，数千年来无数文人栖息于这里，把一座城市变成了文人聚集的坛场。

# 百年科甲巷

## 一、传奇的科甲巷

今天的科甲巷已非旧时的科甲巷，旧时的科甲巷紧靠繁华的春熙路，房舍破旧，多为木质的瓦房，虽与春熙路只有一街之隔，但街背巷窄，并不起眼。春熙路仿佛是一位贵妇，而科甲巷只能算是一位村姑。两条街紧临，却仿佛隔世。科甲巷在改造之前就是这种格局。改造后的科甲巷犹如村姑化了妆，摇身一变成为了成都时尚的代言词。历史上科甲巷经历过多次火灾，木质瓦房哪里经得起大火的摧残，小小的巷子便给人衰败的印象。一条小街烧了修，修了烧，自然不会留下兴旺庄重的景象。就是这么一条仅有 315 米长的小街在旧时成都全城 36 条大街、72 条小巷中声名显赫。

科甲巷的出名还得从明清时说起。科甲巷不大、不宽、不长，房屋破败，经修修补补，就是这么一条瘦巷，却还可以细分成正科甲巷、大科甲巷和小科甲巷。它的得名源于当年的科举。

这里曾有许多私人小花园和民房，尤以旅馆众多，当然是那种收费低廉的小旅馆，它们被戏称之城市鸡毛店。来自全省各地的考生齐聚成都，大多在此投宿，经年形成惯例，为图吉利，科甲巷和附近的联升巷由此得名。对于一座历史文化名城来说，最出名的街道不是那种商业街，而是文化街，譬如文庙前街（文翁在此办学）、状元街（杨升庵在此居住）、岳府街（岳钟琪的府第在此）和天祥祠街，等等。科甲巷因为参加科举的考生在此投宿而声名显赫之外，更重要的是当时四川总督衙门，即主管全省刑法的衙门（案察司）的监狱设在科甲巷内，其具体的位置就在今天成都市第一人民医院内。当然，这座医院现在也已搬迁，其地移作他用，当年在这座监狱内关押着一些重要犯人，最为重要的就是1863年6月25日被清军诱俘的太平天国翼王石达开。

关于成都的监狱，这里顺便提一下，科甲巷的监狱算是有记载的监狱中较早的一座。成都宁夏街、状元街、九如村等地也都曾经建过不同性质的监狱或看守所，包括科甲巷的这座监狱如今都已废弃或迁往别处。这些市内的监狱有一个共同的特点：小。这些带有临时性质的监狱都不是犯人长期关押之所，所以修得都不是人们想象中的那么结实坚固。关犯人的监狱并不比关鸡的棚子结实多少，这一点同人们的认识大相径庭。成都在过去城市规模并不大，却在闹市之中建有如此众多的监牢，这才是令人费解之处。真有那么多的犯人需要关押？这些监狱又都十分狭小和不堪一击？

这些小监狱还有一个共同的特点：阴森可怖。它们都建在僻静的小街小巷深处，砖墙很高，且长满了青苔，像科甲巷的案察司监狱只能通行人力车，连马车走过也很吃力，两辆四轮马车并排通过都错不开。

其实，科甲巷的监狱现在已无人见过，它早已被摩天大楼取代，它的旧貌我们只能参照别的古代遗址进行想象，或通过一些文字记录加以复原。当年参加科举的考生住在大、小科甲巷的小旅店中苦读，在他们的近旁不时传来犯人被殴打时发出的惨叫。考生们可以真切地体会到封建社会统治的残暴。这些考生中有人中举，有人落选，中举的人不断地被补充到统治者的机器中，落选之人只能发出被凶残统治压榨得嚎叫，此情此景可以看作一种预习或排练。人生中有许多偶然，仔细想来又都是一些必然，所谓偶然寓于必然之中。满怀着科举理想的热血青年在迎接人生第一次转折之前感受的是"夜半歌声"似的人生洗礼，这不能不说是一种讽刺和打击。

前面一再提到科甲巷监狱虽然阴森可怖，但并不牢固，同时成都也不是一座重兵把守、固若金汤之城，有人安心要劫狱或营救他们的领袖石达开并非一件难事，所以石达开被关押进科甲巷之后很快就被秘密处决，这正是因为清廷担心发生什么不测或变故。统治者的心是虚的，越是如此越要虚张声势，做出唬人的架势，可惜的是有许多人认识不到这一点而被其淫威所慑。

翼王石达开（1830—1863 年），是太平天国最富传奇色彩的人物之一。他 16 岁便出山，19 岁时已经统率千军万马，20 岁封王，遇害时年仅 33 岁。许多早年成名之人往往英年早逝或落魄，这似乎成了一种惯例。譬如神童伤仲永成人后反而"泯然众人矣"，又譬如三国时的周瑜，居然经不住诸葛亮的"三气"。很早出道的翼王石达开注定是一个悲剧式的人物，他的悲剧仿佛与他的少年得志有抹不开的联系。

在南京的石达开本来与远在深山之中川西平原上的成都风马牛不相及，但成都居然成了他人生的终点。在一个月黑风高的夜晚，身为翼王的石达开，连同他的小儿子在被关押地科甲巷臬台监狱内被处以极刑——凌迟。

凌迟是古代最为惨烈的酷刑，被剥光的犯人被捆在木桩上，他们的双眼皮先被割下盖住眼睛，再被一刀刀活剐。中国古代的酷刑有五马分尸、宫刑、点天灯等，其中凌迟无疑是最不人道的。清王朝用如此残酷的手段来对付石达开，可见其对他的恐惧和仇恨。

四川总督骆秉璋本想"献俘阙下"邀功，可清廷却怕押解途中被劫生变，关在科甲巷大牢之内，又怕劫牢，去法场行刑，更怕有人打劫法场，算来算去都不可靠，只好在监狱内就地正法。由此可见石达开到了如此境地还令清廷头痛万分。其实石达开并非被抓，而是在四川大渡河紫打地（今石棉县安顺场）被清军包围，为了保存十万太平将士，里面有很多家眷，包括妇女和儿童，石达开便毅然牵着他的小儿子独自到清营议兵罢战，清军一方面答应了石达开的条件，骗其缴械，另一方面却失信地将其部下全部戮杀。历史上无数反动统治者都是采取这种手段镇压起义将士。

对于石达开来说，他率众背水一战，历史或可改写，起码不会落得如此窝囊而显得更加悲壮，从这一点来说，石达开对清廷统治者所抱的幻想未免显得天真。正是在这一悲剧中，石达开所表现出来的担当和品格使他在太平天国人物中成为最博得人们尊敬和同情的英雄。

在石达开被行刑多年后，老百姓仍不相信他的遇害，而相信被处死的是他的替身——石达开的义女婿马文书，这两人相貌相似，马文书又知书达礼，遂冒名替石达开前往清营议和。马文书被清兵当成翼王逮捕，装进囚笼，押解到成都科甲巷，而真正的石达开却金蝉脱壳，混在乱军之中远走高飞。当然，这只是翼王众多传说中的一种，是人们的美好愿望，在后来许多的戏剧中演绎了各种大渡河悲剧的版本，这更使成都科甲巷蒙上了神秘的色彩。

关于翼王石达开的遇难还得从太平天国说起。石达开是太平天国的开国元勋，辅佐天王洪秀全，立下汗马功劳。但这种功臣往往会遭到统治者本人的猜忌，清朝咸丰六年（1856 年），天京（南京）之变，天朝内部发生了血腥的屠杀，石达开也遭到洪秀全和洪氏集团的怀疑挟制。石达开被迫于 1857 年离京出走，出走时他带走了十几万精锐之师。石达开的离开可以说是一种逃离和避乱，他并没有明确的方向和目的地，更缺少战略考虑和战术思想，他东打西藏，最终西征四川，准备发展天国势力，但江南之师对千万里之外的四川西部荒天野地缺少了解，再加上清廷用高价买通了石达开的全部向导，把他和他的部队引向偏远的大渡河边，以至全军陷入绝境。滔滔的大渡河挡住了大军的去路，这里没有舟船可以渡河脱险，包围大军的清兵断绝了他们的粮草，同时部队中又出现了恐怖的情绪，石达开只得组织木筏抢渡，大渡河水汹涌翻滚，无法渡过大军。石达开认为大势已去，只要能保全将士的生命他甘愿受死，于是父子二人手牵着手走向了清营。这是1863年5月的一天。1863年6月25日石达开被处死，时年33岁。

石达开死后连尸首也没有找到，在那个凄风苦雨的夜晚于成都一条名叫科甲巷的小巷中究竟发生了什么事情谁也无法判明。在石达开当年转战过的湖南、广西、云南等省也没有留下石达开及其大军的痕迹，毕竟时间已过去一百多年，在今天科甲巷中立有一石碑，碑上有石达开的"入川题壁"诗一首：

> 大盗亦有盗，诗书所不屑。
> 黄金若粪土，肝胆硬如铁。
> 策马渡悬崖，弯弓射胡月。
> 人头做酒杯，饮尽仇雠血。

后人认为这首诗其实是后人伪托，并非出自石达开本人，毕竟石达开只是一位武将，且他16岁就出山，19岁就统领千军了，根本不可能有时间读书，因而没有这样的文才。历史上许多名人死后都有人托名写下一些伪托之作，其实是抒发后人的英雄情结，表达对英雄的一种崇敬，石达开的情形也是如此。但不管怎么说，这是一首气势宏大的力作，也是对石达开这个人的一种评价。真正的领袖都是儒将，那种只会武功缺少文采的人属于四肢发达、头脑简单之人。能够传世的英雄都是能文能武之人，人们记住某位历史人物，首先记住的是他的某句名言或名句，譬如岳飞的"怒发冲冠"词。

石达开无疑正是一位英雄，像他这种英雄不可能只是草莽，后人哪怕伪托也要给他贴金，这种民间文人本来就怀才不遇，有许多怨恨需要通过某个历史人物宣泄出来，石达开正好是这种悲剧英雄，可以给人以巨大的发挥空间。何况科甲巷的牢房近旁就住着那么多准备科考的学子，其中大多都是落魄之人，自然会产生对英雄泣血的悲叹和感慨。

今天的成都很少有了解石达开这段历史的市民，对石达开的研究也仅限于学术机构。许多人知道科甲巷的这段历史也是通过这块立于锦华馆口的汉白玉石碑上刻的诗。清末"残山剩水楼主人"所作的《石达开遗诗》中收录了据说是石达开本人亲作的一首五言律诗，前两句是：

> 挺身登峻岭，
> 举目照遥空。

后几句是：

> 临军称将勇，
> 玩洞羡诗雄。
> 剑气冲星斗，
> 文光射日虹。

这首被学术界公认的真作比起上面那首所谓伪托之作无论在艺术上和气势上都相差很远，可见伪托之作之所以能够传世并博得比真作更甚的诗名是有其原因的。

## 二、最古老的变成最时尚的

上面一节写到科甲巷曾是一条又窄又破的小街，但现在再去这条街却早已鸟枪换炮，变成成都最时尚的一条街道了。它现已是春熙路的副街，是春熙路的 B 面或翻版。早在二十世纪八十年代到九十年代科甲巷就是与草市街齐名的服装一条街，街上家家都是时装店，房屋破败，但装修却时尚，300多米的小街上挤了四十多家品牌店，红男绿女在街上淘金，满街流淌着最时尚的色彩。街道越是窄小便越是寸土寸金，越是掩映着万种风情。这里再也看不到牢狱的痕迹，读书人住过的小旅馆也没有剩下一间，世上的沧桑变化有时只是瞬间的功夫，科甲巷的情形恰好印证了这一点。

在服装街以前科甲巷还曾是玩具一条街，什么变形金刚和遥控汽车吸引得大人带着孩子挤满了街巷。玩具卖不动了才卖服装，这一切沾的都是春熙路的光。处于春熙路商圈的科甲巷想不繁荣都不可能，因为它处于市中心地带，连接着太平洋百货、王府井百货、伊藤洋华堂，这自然就成为时髦的代名词，成为带有小资情调的少男少女们最爱涉足的时尚高地。

今天的科甲巷已经过拆除和彻底改造，连一些老建筑也装饰一新，这与昔日科举考生们驻店的那条小巷不能同日而语。街上的店铺高举着时髦女郎的大旗，成为美女之都美食美饰的时尚地标。单看那些店名店招就可想象它的美艳和溢彩：花之友、香居坊、瑞蝶、恩曼琳、海盗船……

成都女孩子大多是好吃嘴，就连男人也可以在大街上大啃兔脑壳和鸭翅膀，科甲巷就是美食的集散地，什么果茶、奶茶、咖啡、肉饼、炒货、川菜和法国大餐，应有尽有，简直使人胃口大开，可以说从穿到吃通通在这条背街上汇合。享受生活本来就是成都人的最大追求，他们在春熙路上饱够了眼福就来到科甲巷中驻足饱一饱口福，猛不丁就可以碰见某位大明星或文豪，趁机索要一个签名或留下一张合影。成都人本来又有爱显摆的脾性，这些签名和合影可以作为他们多年的谈资，这正是成都人热爱这条街道的理由。在这里，成都人想象的空间可以发挥到极致，何况你站着的地方或许就是某位科举之人的住宿地，抑或正是石达开父子遇难的场所，最古老的变成了最时尚的，何人不为之心动？包括那位悲剧中的英雄，倘使他有灵魂，他的灵魂仍在这条街道上游走，见到这些红男绿女们将作何感想？

# 成都历史上三个文化美女

成都是一座美女之城，这是一种沿革，从古至今，成都美女源源不断地产生。要把成都历史上有名有姓的美女一一列出这是一项浩繁的大工程。本辑选择了几个有影响力的美女加以评述，以此来说明这些美女是一种风范，她们的影响构成了成都这座历史文化名城的精髓。成都历史上虽然美女众多，但真正能够彰显这座城市气质的还是文化美女，美女一旦有了文采，不仅可以盖世，而且可以传世，所以，一座城市因为有了某位文化美女的存在和活动，这座城市也就生动浪漫起来。

　　成都的文化积淀是杜甫筑草堂时留下的，是武侯祠里的诸葛孔明留下的，是巴金、李劼人等文化名流留下的，也是华西坝的钟声告诉我们的……其实，还有一群美女才子在不断对我们进述，她们是花蕊夫人、薛涛、卓文君等。

　　这几位美女生活在不同的时代，她们虽各有其美，但又有一些共同点：她们都是诗人，她们都是移民，她们都美艳绝伦，她们都命运多艰，且结局都很悲惨，她们都有柔情似水的一面，又都有刚烈不屈的性格特征。她们都与帝王将相或风流才子有过交流，都经历过传奇的一生，她们都对成都这座城市产生了巨大的影响，成为这座历史名城的丰碑和名片。

　　成都是一座水城，一座美女之城，一座诗城，一座文人汇聚之城。成都之水养育了茶文化、酒文化和美女文化；美女又吸引了千千万万的文人来此吟哦，这才使成都有了这么多千古流芳的诗篇。水是成都的灵魂和根本，美女是她的标志，诗歌是她的传承。美女本身就柔情似水，她们是水做的。成都之水来自高原，她是奔腾咆哮的高原大河岷江，这水浸染着高原的风骨，来到成都平原后变得温润多姿，溶进了千里沃野的柔情。成都美女被这美水滋润，既有高地的刚毅，又有川西平原的婀娜多姿，所以成都美女亦刚亦柔，再辅以文化的熏陶，便成为一个品牌。成都自古是诗歌的大码头，是美女的大码头，美女们从码头上弃船登城，把成都变成了一片诗的海洋。

没有诗就没有美女，没有美女的诗写出来也就贫乏，正因为成都是一座美女之城，才有这么多的美酒香茶，才汇集了这么多的美人佳丽。这是一种互动的关系，诗和美女相辅相成，相得益彰，美女多的城市酒的消费量就大，茶的消耗也多，对鲜花的消费也多，同时诗人的拥有量肯定高，出版业随之也会发达，成都正是这样一座城市。所以，过去人们说成都是座消费城市，这一点不假，归根结底是因为成都盛产美女，盛产美女文人，盛产特别能欣赏美女的诗人。

# 蜀中名妇花蕊夫人

　　成都历史上有两位花蕊夫人，一个是前蜀开国皇帝的妃子徐氏，徐氏两姐妹都得宠于王建，大徐妃为王建生下一个儿子王衍，他继承皇位。王衍是一昏君，后被唐庄宗所灭，这是前话，这里暂且不叙。

　　真正的花蕊夫人是后蜀后主孟昶的费贵妃，她曾是一名歌妓，美若天仙，书中有专门形容花蕊夫人美态的文字：只见她穿着一件淡青色丝绸纱衫，里面隐约可见描金绣花的肚兜，乳峰高耸，小蛮腰收得很紧，又梳着高高的朝天髻，眉眼闪光，肌肤似玉，面若桃花，樱唇红杏……这是多么动人，多么勾魂的造型，但这种写法在书中用得太滥，从这段文字中我们顶多能够想象花蕊夫人是一美女而已，而真正能打动人的还是她的诗歌。成都历史上流传至今的美女都是文化美女，在那个时代文化美女的标志一是书法，一是写诗作画。当然琴棋书画样样都精通，在成都这个地界这还不够，美女们大多还会刺绣，亦会烹饪，她们能做几样拿手好菜，毕竟成都是一座诗歌之城之外还是一座美食之城。

　　成都这座城市很特别，女人长得漂亮不一定能出名，她们在长得美的同时还得有一点文采，要能作诗行文，这样才有身份。这一点在古代便是如此，在今天就更是如此。美女要借助于文人才能流传和美名远播，不会写几首诗她们就无法同文人交往。这其中最典型的例子就是女诗人薛涛。另外，司马相如和卓文君的爱情也印证了这一观点。相反，在别地的一些美女单单因为长得美就可以传世，是因为她们相伴的是某一位显赫的君王，是靠君王的名气显名的。哪怕花蕊夫人的名气也盖过了蜀后主孟昶，人们或许不知道这个封建割据的自封王的后代，却知道花蕊夫人这位才女的大名。

花蕊夫人就是一位才女，她能作诗填词，且她的诗词对后代的影响非常之大，譬如她感叹后蜀被宋所灭的那首诗可谓千古绝唱：

> 君王城上树降旗，妾在深宫哪得知；
> 十四万人齐解甲，更无一个是男儿。

这首诗写的是国破家恨，这不是一般意义上的那种花红柳绿，花前月下的卿卿我我。相同内容的一首词填的是：

> 初离蜀道心将碎，
> 离恨绵绵，
> 春日如年，
> 马上时时闻杜鹃。
> 三千宫女皆花貌，
> 共斗婵娟，
> 髻学朝天，
> 今日谁知是谶言。

这些诗词写的是亡国之痛，花蕊夫人比起她那个只懂得享乐，连尿罐子也是用七种宝石装成的夫君孟昶不知高出了多少倍。这个装饰了七种宝石的便器在历史上很有名，这不仅因为它做工精巧，更因为这七种宝石每一件都价值连城。其中的鸡血石放在水缸中可以将水缸中的水染红；玛瑙更是奇特，它不仅硕大无比，夏天放在水中，水不会升温，再热的天气水也会冰凉；珍珠也很特别，它是珍珠中的极品，不仅大，还是一颗黑珍珠，而在古代黑色的珍珠极为罕见。七种宝石中最宝贵的是夜明珠，在晚上可以发出幽蓝的光。这个尿罐子后来被大西皇帝张献忠所获，他对此爱不释手，此尿罐子因此成为大西国的镇国之宝。可惜在张献忠败走成都时被装在大船上顺流而下，在江口被杨展的部队伏击，最终载着宝物的几十艘大船被凿沉于江口，这件宝物从此失去踪影。尽管史书上确有关于这件宝物的记载，但几百年来人们遍寻不着。许多江口的沉银今天已被打捞上来而重见天日，只是这七宝便器成为一个传说再也没有出现。同时消失的还有大西国的玉玺，这是用一大块和田玉雕刻的印章，张献忠当年在成都举行斗宝大会时被人劫走，这件同样是镇国之宝的玉玺也同七宝便器一样只见记载，不见原物。

成都自古是个安乐之乡，外地人到了成都便"锦城云乐"，很容易坠入歌舞升平之中。成都有这么多的出产，这么适宜的气候，这么多的美食美女，使那些在成都称王的权贵大多在奢靡中灭亡，使那些来成都的文人骚客也大多死于安乐。

不管是蜀汉昭烈帝刘备的儿子刘禅，还是前蜀王建的儿子王衍，以及后蜀孟知祥传人的这位风流天子孟昶，他们都被美女所迷。特别是孟昶，拥有14万守卫成都的蜀兵竟不战自溃，被6万进攻的宋兵轻易攻占天险蜀道，这并非败于敌手，而是败在美女之城中。

花蕊夫人一生侍奉的两位国君，一位是封建割据蜀中的孟昶，另一位是宋太祖赵匡胤，但在成都人心目中青史留名的不是那些国君名臣，而是才貌双丰的花蕊夫人。花蕊夫人是成都人的一个美女情结，成都人认为蜀道是固若金汤的，认为成都的城墙也是坚不可摧的，成都的美女们尽可以枕着府南河的涛声酣然入梦。但美梦被攻破了，美被无情地蹂躏，这从花蕊夫人的诗词中可以读到，因而，是令人震撼的。

花蕊夫人的影响不仅在诗词上，据说她也是一位名厨。蜀中美女大多会几样烹饪绝技，哪怕是乡村野姑也能做出几样可口的饭菜，这

陆 成都历史上三个文化美女

是别处的妇女所不及的。花蕊夫人做的菜肴中有记载的便是用酒浸泡的羊头，相当于今天的腌腊制品。另一种是白薯药片，加了五味调料，用文火烤得香酥可口，这就是今天的小吃的一种。想当年花蕊夫人在成都的宫中，除了吟诗作画，就是亲手制作美食，一个美人会这几手，早已把君王孟昶哄得飘飘欲仙，他坐在七宝便器上其乐无穷，哪里还有力量率领他的甲兵去抵挡凶猛的宋兵。历史上成都的城池就是这样一次又一次被外来之敌攻破。

成都的菜肴分成两大类，一类是川菜，一类是小吃，小吃大多来源于民间，然后传入宫廷，经过加工再回到民间。小吃能够流传下来的必是因为著名的文人或某位大美女的提倡，这一点在后面写到的其他几位美女的情况也大致如此，所有能够流传的东西，不管是诗词还是菜肴，都与某位大名人或大文人的提倡分不开，这是一个千古不变的规律。

成都的名小吃来自宫廷的都比较考究，来自民间的则比较粗糙。花蕊夫人是一个大美食家，她发明的酒制羊头是今天腌腊制品的早期制法，四川人过年过节离不得腌卤制品，他们不知道根源在于一些宫廷美妇的提倡和发明创造。花蕊夫人生在宫中，才可能有这么多的时间和这么多的原料用来试验制作各种美食。

川菜的来源也有三种途径，一类来自宫廷，一类来自公馆，一类来自民间。来自宫廷的成了川菜的标志性菜肴，来自公馆的形成了川菜的各种流派，来自民间的则是大众菜肴，如麻婆豆腐和回锅肉等，这三种来源经过不断改良和融合才形成了川菜博大精深的体系。

花蕊夫人的另一项贡献在于"张仙送子"的传说。花蕊夫人本是为了祭拜蜀主孟昶，画了夫君的像供奉，被宋太祖发现后只得谎称是拜的张仙送子图。这本是一托词，不料消息不胫而走，此后，祭拜张仙送子图成了宫内外女人们的习俗，就连民间的妇女也仿效。这一民风流传至今，特别是蜀中拜送子图特别盛行，这都是花蕊夫人的影响所致。

花蕊夫人最终被乱箭射中，死于宋朝的宫廷之争，这往往是花蕊夫人这种身份的女人的最终结局。一个蜀中美妇就这样结束了自己悲惨的一生。她的美貌是盖世的，她的才华是横溢的，因而她的死就更具有悲剧意义。"悲剧就是把人生美好的东西撕破给人看"，花蕊夫人的死犹如一朵开得正艳的牡丹被人折断。

# 蜀中名女卓文君

　　卓文君夜奔司马相如，当垆沽酒的故事在蜀地家喻户晓。卓文君是一大美女，她的出身与今天美女的标准完全吻合。首先，她出生于富豪之家，是冶铁巨商卓王孙的掌上明珠。其次，她是移民，祖居赵国，是当时大都市邯郸的城民。在秦统一中国灭掉赵国之际才辗转迁移蜀地的偏僻小邑临邛，也就是今天成都所辖的邛崃。再次，卓文君是一位才女，她一生留下许多名篇，其《白头吟》《诀别书》为千古绝唱。成都之所以有厚重的文化积淀，这与一代代的文人雅士留下的文化遗产分不开，这其中也包括卓文君在内的许多女才子的文学创作。

　　卓文君被司马相如的一曲《凤求凰》所感动，毅然夜奔前往，这一方面说明司马相如高超的演奏水平和卓越的音乐创作天赋，另一方面也说明了卓文君的鉴赏力和果敢的行动能力，鉴赏力使她具有追求美的强烈愿望，果敢又使她不拖泥带水，敢于采取行动。别地的美女大多除了美就没有别的什么东西可以传世，而蜀中美女不仅相貌美，诗文也美，追求美的行为更是十分大胆和执着，当代的美女也继承了这一传统。

　　一般的蜀女性格都比较泼辣，她们不仅如辣椒一样辣，还像花椒一样麻，蜀地产这两样东西，川菜中也离不得这两样东西，所以蜀女的性格是又麻又辣，敢作敢为。卓文君因为一曲《凤求凰》就敢夜奔司马相如，而在后来的岁月，当司马相如移情别恋之时卓文君又毅然写下《诀别书》，以至于感动了司马相如而不敢不忍与之相离。作为冶铁巨商卓王孙的女儿卓文君有尊贵的一面，但嫁给穷书生司马相如之后她又放得下身段同司马相如一起开起小酒馆，并当起了老板娘，且一手一脚将酒馆经营打理得井井有条。可以设想如果没有卓文君的帮扶单靠司马相如是不可能把酒馆经营得下去的。这就是蜀中文化美女的本色，拿得起，又放得下。

蜀中美女能诗能唱是一大特点，正如前面论及的她们是文化美女，没有文化的美女蜀中也有很多，但都流传不下来，可见美的传播是要有载体的。

临邛自古是酒城，才演绎出卓文君与司马相如当垆沽酒的爱情大戏。卓文君是一个符合当代人审美情趣的敢爱敢恨的美女，但凡成都历史上有名有姓，千古流芳的美女多是卓文君之类，所以成都是一文化名城，成都是一美食之城，成都是一安乐之城，这种财富是别地所不具有的。卓文君的贡献在于她演出了一出千古爱情绝唱，她征服的是司马相如这种风流才子，没有她为爱情献身精神的鼓舞，一个蜀中落魄文人司马相如也不可能名垂千古并写下千古流芳的辞赋。

成都历史上出过无数的文化名人，这与成都历史上拥有众多卓文君这样文采卓著的美女分不开。

# 蜀中才女薛涛

薛涛一生在成都留下了大量的诗作,这显示了她非凡的才华,她没有被人们充分的研究和供奉,不是因为她的才华有什么逊色之处,而是因为她是一名女子,又是一名歌妓、诗妓,这在封建社会是大忌。但成都人却对女诗人薛涛顶礼膜拜,成都有杜工部的草堂,亦有薛涛的望江楼和薛涛井,这是两处同等重要的名胜。

薛涛也是移民,她是"安史之乱"后流亡蜀中的长安小吏薛郧与妻子裴氏的女儿。她从小深得其父的悉心栽培,8 岁便能吟诗。14 岁时父亡,她就担起了家庭的生活重担。在那种年代,一个弱女子要想糊口谋生除了凭借自己的美貌、歌喉以及才学之外别无所谋,年轻的薛涛成了歌妓。

薛涛是凭借一首叫《谒巫山庙》的诗展示自己才华的,这首诗深得节度使韦皋的器重,一个风尘女子写的不是风花雪月般的清丽凄婉,而是有怀古怅今的精深之思,这使韦皋大为惊叹,以至于后来要推荐她担任校书郎的官职。薛涛虽然因为身份低贱没有真正成为校书郎,但"万里桥边女校书"的美名远播,连盆地之外的名人雅士也都争相与她唱和。

其实韦皋给薛涛一个校书郎的官职也是给她一个公务员的名分,这是对她的才学的承认。在那个时代一个女子,又有那样的身份是不可能真正履行校书郎的职责的。但有一点却是可以肯定的,薛涛当年并不住在今天的望江楼一带，而是住在万里桥一带。今天的望江楼，包括崇丽阁和薛涛井都是后来所建所掘，是薛涛的一处纪念公园。今人误以为望江楼就是薛涛的居住处这是一个臆断。

清末锦江边的成都崇丽阁（望江楼）　　　　　　　　　　摄影：［美国］张伯林

薛涛井也是后世所挖，因井水甘甜清亮一度成为全兴酒的酿酒用水。有人推测薛涛笺的制作用的也是薛涛井的井水，其实这也只是一个误传。如果一个人出名了，后人总是喜欢牵强附会，将许多相关或不相关的事情都附会到这人的身上，历史上这种事情不在少数。

　　如今到成都来的外地人一个主要的任务就是来洗眼睛，看美女，薛涛那个年代的外埠客到成都来目的同今天到成都来的人居然一样，为的是来看一看这位蜀中美女诗人。如今的成都仍有一大批美女文人在川内外声名显赫，以至于许多人到成都来就是为了一睹风采。成都自古出诗人，特别出女诗人，这恐怕是因为成都这种地方风水好，有

陆　成都历史上三个文化美女

诗歌创作的磁场，女文人们在这样的氛围中容易发挥自己的才华。成都不缺少美酒香茶，这两种液体在人的血液中的流动都有助于诗文的创作。

薛涛是当时的大交际花，与她交流过的风流才子不胜枚举，其中包括白居易、杜牧、刘禹锡等。她亲自制作一种粉红色的小彩笺，这种笺纸做工特殊，清雅别致，她用这种笺写上自己的诗作，一时成为人们的收藏珍品。唐朝风行的彩笺题诗学的都是薛涛的做法，以至于这种风气流传至今。成都的文人爱把诗写在明信片或书笺上与文友诗友互赠，这是唐朝就流传下来的遗风。薛涛的许多行为千百年来为成都人效仿，她的《十离诗》《登筹边楼诗》《赠远》和《锦江春望词》等诗词一直为人们所传唱，从这些作品我们可以看出薛涛的远大抱负，她不只是一位会写儿女情仇的女诗人，她的吟唱豪情满怀，掷地有声，气势浩大，从她的诗作中你看不出她是一个风尘女子，她的气度可与沙场大将匹美。

一到节假日，有许多成都的大中学生汇聚到薛涛的纪念公园——望江公园去，她们的目的就是瞻仰这位女诗人。在成都薛涛的名气一点不比杜甫小，许多人在抄录她的诗作。她不仅是一位地域性的女诗人，更是一位历史上伟大的诗人。

薛涛是一个悲剧人物，她的才情美貌为人倾倒，但在那种时代这种才情和美貌给她带来的只能是悲苦。悲剧中的薛涛把人生美好的东西毁灭给了那段历史。蜀中的这些美女们印证着这条千古不变的道理：美的东西终将成为残片，如花瓶、瓷器被深埋在泥土中，但有一天被挖出，将这些残片拼接起来，你将为它的美所折服。因为它存在于非常久远的年代，那是一个动乱的时期，是一些人们早已失去记忆的岁月，通过这些残片人们突然发现美正是在那时建立的，这么美的思想是从一个叫薛涛的柔弱女子的口中传出的，这美就使人怆然涕下。

薛涛在她的《登筹边楼诗》中的头两句写道：

平论重写八窗秋，

壮压西川四十州。

这是何等的豪情壮志，令人叫绝。另一首叫《雨后玩竹》，表达的是不愿同流合污的孤高气节：

南天春雨时，

那堪霜雪枝；

众类亦云茂，

虚心能自持。

夕留晋贤醉，

早伴舜妃悲；

晚岁君能赏，

苍苍劲节奇。

薛涛是成都历史上千古一人的女诗人，在中国的历史上这种女才子也不多，成都的武侯祠、杜甫草堂和望江楼并称成都的三大名片，武侯祠属于政治家诸葛孔明，而草堂和望江楼都属于诗人。尤为可贵的是望江楼还是一位女诗人的纪念碑，她的灵魂将永远站在这座临江楼上唱着她不朽的诗歌。

薛涛一生追求幸福和爱情，但爱情迟迟不肯垂询于她，直到她41岁半老徐娘时才遇见大诗人元稹。薛涛虽比元稹大11岁，但她凭借她的成熟美，凭借她的才华仍征服了这位京官。

元稹是来调查一桩公案，因他是一位不慕钱财的御史，却抵御不了才色双全的蜀中女杰，因此，薛涛被人作为"美人计"供献给元稹的。古代有不少文人骚客在他们的作品中提到过"锦城云乐""少不入川"，因为人一到了成都这种温柔之乡，好吃的这么多，好玩的目不暇接，美女如云，很容易消磨斗志，滋生享乐。元稹遇见薛涛便陷入了"薛涛井"中，而薛涛遇上元稹更是干柴烈火，这是等待了许多年才等来的爱情井喷。

世上没有不散的筵席，元稹完成了公务便返京，从此两人天各一方。风流诗人的感情很容易移情别恋，元稹与薛涛再也没有机会相见，薛涛只能把一腔离愁寄予她的诗歌。

薛涛一生共经历过11位节度使，其中每一位节度使对她的才学美貌都敬重和垂青，这是非常少见的，以至于她死后当时的剑南节度使段文昌亲自为她题写了墓志铭，而对于身份只是一名乐妓的薛涛，这是空前绝后的荣誉。如今望江楼有一副楹联：

　　古井冷斜阳，问几树枇杷，何处是校书门巷？
　　大江横曲槛，占一楼烟雨，要平分工部草堂。

　　这副楹联写尽了一位女诗人繁华而悲苦的一生，锦江作证，繁华只是一梦，青春似这东流水一般流去，永不复回，但女诗人的精神财富却是成都这座历经2300年而不衰的城市的文化见证。这种见证不仅在成都，还一直延续到高地，位于理县的薛城。唐太和五年（830年），时任西川节度使的李德裕在薛城修建了筹边楼。这是一处重要的建筑，它不光是军事要塞，更是一处会盟和交际的场所，为边地的和谐安宁做出了重要贡献。薛涛的《登筹边楼》诗所写的"壮压西川四十州"指的就是此楼。当年薛涛随李德裕登上此楼，发出"平论重写八窗秋"的感叹。当年要从成都走到遥远的薛城是无比艰辛的，这就如同女诗人的人生一般多舛。